앤소니 심 Anthony Shim

서울 출생. 장편 <도터>(2019)로 데뷔 후 자전적 이야기를 담은 두 번째 장편
<라이스보이 슬립스>를 완성했다.

라이스보이 슬립스 수상내역

· 토론토국제영화제 토론토 플랫폼상
· 밴쿠버국제영화제 캐나다 장편상, 관객상-노던 라이츠
· 부산국제영화제 플래시 포워드상
· 윈저국제영화제 캐나다 영화 WIFF 상
· 샌디에고아시안영화제 베스트 내러티브 장편상, 관객상
· 마라케시국제영화제 여자연기상 (최승윤)
· 팜스프링스국제영화제 영 시네아스트상
· 릴캐나다영화제영화제 최우수상
· 글래스고영화제 관객상
· 더반국제영화제 최우수 장편상, 최우수 여자배우상 (최승윤)
· 첼튼햄국제영화제 최우수 장편상
· 아테네국제영화제 특별 언급상
· 시네마헤리티지국제영화제 (파리) 특별 심사위원상
· 트롬쇠국제영화제 국제영화비평가연맹상, 돈키호테상
· 캐나다감독협회시상식 장 마크 발레 DGC 디스커버리상
· 밴쿠버영화비평가협회 최우수 BC 영화상, 최우수 BC 감독상,
  최우수 여자배우상 (최승윤)
· 토론토영화비평가협회 로저스 최우수 캐나다영화상
· 캐나다스크린어워즈 원작 각본상
· 한국영화평론가협회상 국제비평가연맹한국
· 아시아태평양스크린어워드 각본상

라이스보이 슬립스
각본집

Riceboy 〰 Sleeps

라이스보이
슬립스
각본집

Anthony Shim

차례

감독의 말

*

When I first set out to write my new screenplay about a Korean mother and her son living in Canada, inspired by my own childhood, it was an extremely challenging and uncomfortable process. Half of the time writing, I was just battling my own doubts and insecurities. Then I heard a quote from a screenwriter, whom and where I can no longer remember, but the quote went something like, "Write as if no one will ever read your script because the chances are no one will ever read your script." I had written so many bad scripts up to that point I figured I'd try adopting that mindset to see what happens. Hell, why not? I had nothing to lose. And what ultimately came out was "Riceboy Sleeps"—a story that felt so honest and specifically personal to me that I worried nobody else would be able to relate

*

to it, except for maybe a handful of other Korean-Canadians who grew up in the 90's. Fortunately, enough people enjoyed and connected to the story and the characters that it became possible for the film to be made. And what a joy it was! I had the most incredible team; we came together like a family and shared an experience that I will cherish forever. Now, this story will also exist in the form of a book, thanks to the wonderful folks at PLAIN ARCHIVE. At the time of writing this, I have not seen what this looks like, but I have no doubt it looks awesome.

I hope you enjoy reading this script as much as I enjoyed writing and making it.

—Anthony Shim

캐나다에 사는 한국인 엄마와 아들에 대한 새로운 각본은 저의
어린 시절에서 영감을 받았습니다. 글을 쓰려고 하니 너무나도
어렵고, 불편했습니다. 글 쓰는 시간의 절반은 저에 대한 의심,
불안함과 싸우면서 보냈습니다. 그러던 어느 날, 어떤 시나리오
작가가 한 말을 들었습니다. 어디에서 들었는지, 누구의
말이었는지 기억나지 않지만, 요점은 다음과 같았습니다.

"그 누구도 너의 각본을 읽지 않을 것처럼 써라. 현실적으로
아무도 읽지 않을 것이다."

그동안 마음에 들지 않는 각본을 많이 써왔기 때문에 앞서 들은
얘기처럼 아무도 읽지 않을 거라는 생각을 가지고 새로 작업하기
시작했습니다. 잃을 것도 없는데 뭐 어떻습니까. 그러다가
<라이스보이 슬립스>가 탄생했습니다. 너무나 솔직하고 개인적인
경험을 바탕으로 쓴 이야기라서 90년대에 자란 소수의 한국계
캐나다인을 제외하고 아무도 공감하지 못할까 봐 걱정했습니다.

*

다행히도, 각본의 내용과 등장인물에 공감한 사람들 덕분에
영화를 만들게 됐습니다. 정말 너무 행복했습니다. 훌륭한
사람들이 제작에 참여했고, 가족처럼 모여서 함께 나눈 경험을
저는 평생 잊지 못할 겁니다.

제가 쓴 이야기가 이제는 책으로도 나오게 됐네요.
플레인아카이브에 계신 모든 분께 감사의 말 전합니다. 서문을
쓰는 지금 이 순간, 책이 어떻게 생겼는지 모르지만, 멋지게 나올
거라는 확신이 듭니다. 제가 즐겁게 각본을 쓰고, 영화를 만든
만큼 여러분도 재미있게 읽어주셨으면 좋겠습니다.

－앤소니 심

Riceboy Sleeps

Written by
Anthony Shim

한   박경리

Han   Pak Kyongni

육신의 아픈 기억은

The body's memory of pain is

쉽게 지워진다

Easily erased

그러나

But

마음의 상처는

The heart's wound

덧나기 일쑤이다

Grows ever worse

떠났다가도 돌아와서

It leaves then returns to

깊은 밤 나를 쳐다보곤 한다

Stare at me deep in the night

나를 쳐다볼 뿐만 아니라

Not only staring at me but

때론 슬프게 흐느끼고

At times making me weep

때론 분노로 떨게 하고

At times making me shake with rage

절망을 안겨주기도 한다

And even embracing me with despair

육신의 아픔은

The body's pain is merely

감각이지만

A sensation

마음의 상처는

But the heart's wound

삶의 본질과 닿아 있기 때문일까

Is embedded into the nature of life

그것을 한이라 하는가

Is that perhaps what we call Han

검은 화면:
목탁의 울림이 조용하게 들려온다... 소리가 점차 커진다.

---

1. 한 한국인 아이의 오래된 사진이 서서히 화면을 채운다.

- 1.33:1 화면비율 -

어느 성인 남자가 이야기한다;

나레이터 (V.O.)
1960년 겨울, 소영은 강원도 어느 절의 계단에서 담요에
싸매진 채로 붙어있는 탯줄과 함께 버려져, 추위 속에서
꽁꽁 얼어붙고 있었다. 아무 흔적도 없어 그녀가 누구인지,
어디서 왔는지도 알 수 없었고 그저 추위에 약해져 울
힘조차 없는, 홀로 버려진 가련한 아이였다.

다른 고아들과 어울려 있는 소영(4-6살) 사진.

나레이터 (V.O.)
그녀는 여러 고아원을 옮겨 다니며 전국의 버려진 아이들과

함께 자랐다. 그렇게 자란 그녀는 나이가 차자마자 바로
짐을 싸서 서울로 향했다.

80년대 초 서울의 풍경이 찍힌 몇 장의 (컬러) 사진들.

나레이터 (V.O.)
대학 등록금을 벌기 위해 그곳에서 할 수 있는 모든 일을 다
했다. 동시에 두세 가지 일을 하는 것도 마다하지 않았다.

**소영(20대 초반)이 주점에서 일하고, 친구들과 어울리고 술을 마시는 몇
장의 사진들.**

나레이터 (V.O.)
그 많은 일자리 중 하나는 많은 학생들이 찾았던 대학교 앞
주점이었다.

소영과 젊은 한국인 사내가 찍힌 한 장의 사진.

나레이터 (V.O.)
그곳에서 소영은, 군대에서 학교로 돌아온 젊은 사내를
만났다. 그는 강원도의 가난한 쌀 농가의 장남으로, 서울의

한 유수한 학교에서 장학금을 받고 다녔다.

포즈를 취하는 소영과 어느 젊은 사내 사이의 사랑이 느껴지는 사진들.

나레이터 (V.O.)
둘은 뗄 수 없는 사이가 되었다. 비록 가진 건 없었지만
안정과 행복만이 가득했다.
(전환)
그러나 시간이 갈수록, 그 사내는 현실과 상상을 구분하는
것이 점점 어려워졌다.

**흐릿한 모습의 젊은 사내가 환자복을 입고 휠체어에 앉아 담배를 피우고
있는 사진이 서서히 줌아웃 된다...**

나레이터 (V.O.)
그는 정신분열증을 앓고 있었다. 옛날 사람들은 그것을
그저 미쳤다고 했고, 그를 정신병원에 입원시켰다. 그곳에서
그는 공포영화에서나 볼 법한 치료들을 견뎠다.

...그리고 옆에 불룩한 배로 서 있는 소영의 모습이 비춰진다...

나레이터 (V.O.)

슬프게도, 그의 무너져가는 정신으로는 소영이 임신했다는 것을 이해하지 못했다. 그리고 그들의 아들이 태어나고 얼마 되지 않아, 그는 스스로 목숨을 끊었다.

울고 있는 아기의 사진.

나레이터 (V.O.)

미혼모에게 태어나 아버지가 없었던 아이는 당시 법에 따라 한국의 시민권과 그 외에 모든 권리를 받을 수 없었다. 그 법은 98년도까지 존재했었다.

80년대 비행장에 있는 대한항공 항공기의 사진.

나레이터 (V.O.)

그래서 소영은 아이를 품에 안고 또다시 짐을 싸서 새로운 시작을 하기 위해 캐나다라는 나라로 떠났다.

— 제목: RICEBOY SLEEPS —

2.   초등학교 운동장, 아침 (1990)

김동현, 두꺼운 안경을 쓴 6살의 어린아이가 텅 빈 운동장을 가로질러 죽을힘을 다해 뛴다.

김소영(30), 뒤에서 필사적으로 아이를 쫓아간다.

　소영
　김동현! 너 어디가?!

동현은 계속 달리고, 소영은 점차 동현에게 가까워진다. 동현은 마침내 울타리에 다다랐고, 기어올랐다. 자유를 맛보기 직전이다. 울타리를 완전히 넘어가기 직전, 한 손이 동현의 손목을 잡는다.

---

3.   초등학교 입구, 얼마 후

소영이 동현의 손목을 잡아 끌고 온다.

　6살 동현
　엄마, 가기 싫어. 가기 싫댔잖아!

소영
조용히 해.

6살 동현
집에 갈래. 엄마랑 같이 있고 싶어. 엄마아... 엄마아...

소영
그만. 너만 왜 이래! 애기처럼.

동현이 입을 다문다. 둘은 학교로 들어간다.

---

4.   **초등학교 교실, 얼마 후**

제인 선생님(30대, 여성), 학생들에게 자신을 소개한다.

제인 선생님
[만나서 정말 반가워요! 저는 제인 선생님이에요, 제가—]
It's so lovely to meet everyone. I'm Miss Jane, I'll
be—

동현은 저 멀리 뒤에 혼자 서 있다.

제인 선생님 (CONT'D)
[왔니? 잘 왔어요.]
Hi there! Welcome back.

학생들이 뒤로 돌아 마치 외계인을 보듯이 동현을 쳐다본다.

제인 선생님 (CONT'D)
[와서 같이 수업할까요?]
Do you want to come join us?

동현은 복도 쪽을 돌아 창밖에 있는 소영을 애달프게 쳐다본다.
소영은 주먹을 불끈 쥐고 동현을 격려한다.

---

5.   **초등학교 주차장, 얼마 후**

소영이 손목시계를 보면서 주차장으로 황급히 간다. 그녀의
80년대 도요타 중고차 세단에 올라 눈가에 맺힌 눈물을 닦는다.

소영
(자신에게)
바보...

차를 출발한다.

---

6.   초등학교 교실, 같은 시각

동현은 백인 아이들에게 둘러싸여 교실 가운데에 앉아 있었다.

제인 선생님이 출석을 부른다;

제인 선생님
[스튜어트 보스만?]
Stewart Bosman?

스튜어트
[네!]
Here!

제인 선생님
[니콜 브릿지스?]
Nicole Bridges?

니콜
[네.]
Here.

제인 선생님
[애슐리 데이비스?]
Ashley Davis?

애슐리
[네.]
Here.

애슐리, 밝고 인형처럼 생긴 금발의 아이가 동현의 눈을
사로잡는다. 동현은 이렇게 예쁜 여자는 처음 본다.

제인 선생님
[애슐리, 머리띠 예쁘네요.]

What a lovely bow, Ashley.

애슐리
[감사합니다.]
Thank you.

제인 선생님
[지미 제이콥스?]
Jimmy Jacobs?

지미
[네.]
Here.

제인 선생님
[사라 제임스?]
Sarah James?

사라
[네.]
Here.

제인 선생님
[킴... 똥...]
Kim... Dong...

반 아이들이 킥킥댄다.

제인 선생님 (CONT'D)
[하이... 운??]
...Hi... oon?

동현은 자기 이름임을 눈치챈다.

제인 선생님 (CONT'D)
[똥? 똥 없나요?]
Dong? No Dong here?

아이들이 더 많이 웃는다.

제인 선생님 (CONT'D)
[아니면 킴? 없어요? 킴벌리? 킴벌리 똥 하이윤?]
Are you Dong? Is your name Dong... Hune? Or

Kim? Is it Kim?

동현은 침묵한다.

---

7.   생선 공장, 낮

소영은 앞치마를 입고 한 줄로 서서 끝없이 내려오는 생선들을 씻고 포장한다. 소영은 최선을 다해 빨리 해보지만 속도에 맞추기 힘들다.

한 **남성 일꾼**이 소영에게 소리친다;

> 남성 일꾼
> [뭐야 이거! 빨리! 빨리! 나 좆 된다고!]
> What the hell's going on?! Let's go, let's go! I'm gettin' fucked over here!

---

8.   생선 공장 휴게실, 얼마 후

다른 일꾼들(대부분 남성)이 밥을 먹으며 수다를 떨고, 소영은
홀로 김밥과 뭇국으로 식사를 한다.

---

9.   생선 공장 휴게실, 얼마 후

소영이 정수기에서 물을 따른다. **덩치 큰 일꾼**이 소영의 뒤를
지나가며 엉덩이를 움켜쥔다. 소영이 뒤를 휙하고 돌아보자 그가
윙크를 하며 계속 간다. 소영이 주위를 둘러보니 두 **여성 일꾼**이
이것을 보고 역겹다는 듯 고개를 절레 흔든다.

소영은 그 덩치 큰 일꾼을 쫓아간다.

> 소영
> [잠깐. 저기요? 야 너.]
> Hey. Excuse me? You.

소영이 일꾼의 어깨를 치자 그가 강렬한 눈빛으로 돌아본다.

> 소영 (CONT'D)
> [한 번만 더 나 만지면 죽여버린다.]

If you touch me again, I'll kill you. I'll kill you.

덩치 큰 일꾼	소영 (CONT'D)
[진정해, 아가씨. 난 그냥 장—]	[아니. 만지면 죽는다. 알겠어?]
Whoa easy, little lady.	No. You don't touch me.
It was just a—	Understand?

소영은 호락호락하지 않다. 소영은 그가 조심하지 않으면 진짜로
죽일 기세다.

---

10. 초등학교 교실, 점심시간

모든 학생들이 싸구려 캔 파스타, 치즈 스트링, 치즈 햄 크래커
등 당시 아이들이 먹을 만한 모든 건강하지 않은 식품들을 먹고
있다.

동현은 점심 도시락을 열어 김밥과 뭇국을 먹으려고 한다. 다른
아이들이 모여들어 동현을 손가락질하기 시작한다.

스튜어트

[우웩... 뭐야 이거?]

Eew... what is that?

지미

[쟤 먹는 것 좀 봐.]

Look at what he's eating.

스튜어트

[방구냄새 난다. 더러워!]

Smells like fart. Gross!

동현은 서둘러 김밥을 입에 넣는다.

니콜

[저기 들어있는 거 밥이야? 노란 건 뭐야?]

Is that rice in there? What's the yellow stuff?

지미

[점심에 쌀 먹는 거야? 이상해.]

Is he eating rice for lunch? That's so weird.

스튜어트

[저거 먹어봐.]

I dare you to try it.

니콜

[싫어!]

No way!

지미

[쌀 맛 어때 라이스보이?]

How's your rice, riceboy?

스튜어트

[라이스보이... 얘는 라이스보이다!]

Riceboy... he's a riceboy!

모든 아이들

[라이스보이! 라이스보이! 라이스보이!]

Riceboy! Riceboy! Riceboy!

11. 초등학교 남자 화장실, 얼마 후

동현이 점심 도시락의 음식을 쓰레기통에 털어 넣는다.

---

12. 초등학교 복도, 오후

학교 종이 울린다.

아이들이 교실에서 뛰쳐나와 아이들을 맞이하는 부모들에게
안긴다.

동현은 마지막에 나온다. 동현은 자기 엄마를 찾아 둘러보지만
보이는 것은 자신과는 다르게 사랑이 넘치는 백인 가족들뿐이다.

소영이 마침내 복도 끝에서 숨을 헐떡이며 도착한다.

    소영
    동현아! 오늘 어땠어? 친구 새로 사귀었니?

제인 선생님

[동현... 어... 동현 어머니?]

Mrs. Kim? Uh... Mrs. Kim?

소영

[네?]

Yes?

제인 선생님

[안녕하세요, 저는 동현이 반 선생님 제인입니다. 잠시 시간 되세요?]

Hi, I'm Miss Jane. May I have a word?

---

13. 초등학교 교실, 얼마 후

동현이 복도에서 창문 너머 보고 있다. 소영과 제인은 교실 안에서 조용히 이야기한다.

제인은 짧은 목록을 적어 소영에게 보여준다.

제인 선생님

[동현이에게 어울릴 만한 걸 적어봤어요. 한번 보세요. 생각해 보시고 결정하면 알려주세요.]

...Here are some names that I think would suit him well. Have a look, think about it and let us know when you've made your choice.

소영, 목록을 들여다본다;

리처드
케빈
스탠리
데이비드 :)

제인 선생님 (CONT'D)
(속삭이며)
[저는 개인적으로 데이비드가 좋네요.]
(whispers)
I personally like David the best.

14. 소영의 차 안, 낮

뒤에서 차가 경적을 울린다.

소영은 백미러로 동현의 눈치를 봐가며 조심히 운전을 한다.

　　6살 동현
　　마이클 조던!

　　소영
　　마이클 조던은 안 돼!

　　6살 동현
　　왜 안 되는데?

　　소영
　　데이비드는 어때? 데이비드 좋은 이름 같지 않아?

　　6살 동현
　　싫어. 난 마이클 조던 할래.

뒤에서 경적이 다시 울린다.

소영
저 자식 왜 저러는 거야?
(동현에게)
다른 이름 골라봐.

6살 동현
말했잖아. 마이클 조던!

소영
안 돼. 딴 거 골라봐.

6살 동현
다른 거 싫어. 마이클 조던 할래.

소영
그래 그러면 마이클... 마이클 킴 해. 아니면 조던 킴 하든가.
근데―

6살 동현
싫어. 마이클 조던 한다고! 마이클 조더어어어어언!

빵! 빠앙! 빠아아아아앙!

소영이 갓길에 차를 세우자 뒤에서 경적을 울리던 차가 쌩하고
지나간다.

소영
그만! 마이클 조던은 안 돼, 알았어? 또다시 말 안 한다!
그러니까 빨리 다른 이름 골라!

소영은 차분히 숨을 들이쉬고 다시 운전을 한다.

소영 (CONT'D)
이름 바꾸기 싫으면 바꾸지 마. 그냥 동현으로 해도 돼,
엄마는 상관없어, 하고 싶은 대로 해.

동현은 뾰로통해서 뒷좌석에 조용히 앉아있다.

15.   소영의 집, 밤

동현이 사랑스러운 애완동물 거북이 **부기**에게 밥을 준다.

소영은 중고 가게에서 산 가구들을 들여놓은 그녀의 단출한
1층집에서 저녁밥을 준비하고 있다.

소영은 부엌 바닥에 앉아 고무장갑을 끼고 커다란 대야에 김장을
하고 있다.

    소영
    동현아, 와서 설탕 좀 부어줄래?

동현이 이를 무시한다.

    소영 (CONT'D)
    동현아? 좀 도와줘.

동현은 뾰로통해 있다.

소영 (CONT'D)
그 위에 있는 거... 어, 그거.

...동현이 소영의 손에 설탕을 붓는다...

소영 (CONT'D)
좋아, 됐어.

소영이 재료들을 모두 섞는다.

소영 (CONT'D)
맛 좀 볼래?

동현은 고개를 젓는다.

소영 (CONT'D)
정말?

소영이 맛을 본다. 그리고, 김치 한 줌을 내밀자 동현이 먹는다.

소영 (CONT'D)
어때? 더 달게 할까?

동현
아니.

소영
매운 건 어때?

동현
좋아.

---

16. 소영의 집, 이후

둘이 식탁에 앉아 한식 저녁을 먹는다.

소영
오늘 김밥 맛있었어?

어린 동현이 고개를 끄덕인다.

소영 (CONT'D)
내일은 뭐 싸줄까? 오므라이스? 불고기? 뭐 먹고 싶어?

6살 동현
엄마... 내일 점심에 다른 거 싸줘도 돼?

소영
뭐가 좋은데?

6살 동현
그냥 다른 애들이 먹는 거.

소영
다른 애들은 뭘 먹는데?

6살 동현
몰라. 그냥, 한국 음식 아닌 거.

소영
그래... 알았어.

17.   소영의 집, 이후

어린 동현이 거실에서 장난감을 가지고 놀 동안, 소영은 설거지를 한다.

소영이 빨래를 개고 다른 집안일을 한다.

---

18.   소영의 집 동현의 방, 밤

소영과 동현이 침대 안에서 끌어안고 누워있다. 동현은 심청전을 큰 소리로 읽고 있다.

　6살 동현
　"꽃다운 처녀가 왜 물에 뛰어들었느냐?!" 심청이는 용-와...

　소영
　용왕에게.

　6살 동현
　용-왕-에게.

(사이)

엄마, 나는 왜 아빠는 없고 엄마만 있어?

소영

아빠는 먼저 하늘나라 갔어.

6살 동현

왜?

소영

글쎄... 엄마도 궁금하네.

6살 동현

다시 돌아오면 안 돼?

소영

못 와, 이제 우리 둘만 있는 거야. 동현이랑 엄마만.

6살 동현

왜?

소영
우리 책 마저 읽고 다음에 얘기하자.

동현이 계속 읽는다;

6살 동현
용왕에게 그동안의 일을 털어놓았어요. 용왕은 심청의
효심에 감동했지요. "너를 연꽃에 태워 다시 인간 세상으로
보내주마." 임금이 연꽃을 어루만지자 분홍 꽃잎이 열리면서
아름다운 심청이가 나왔지요...

---

19.   소영의 집, 밤

소영이 그녀만의 담배 피우는 장소로 몰래 가서 담뱃불을 붙인다.
담배를 한숨 크게 빨고... 맑은 하늘을 들여다본다...
또 하루가 지나간다.

---

20.   생선 공장, 낮

소영과 다른 일꾼들이 바쁘게 일을 한다.

소영은 또 다른 여성 일꾼인 **미선**(한국인, 20대)이 **다른 남성 일꾼**에게서 교육받는 것을 본다.
미선이 남성의 말을 잘 알아듣지 못해, 남성이 짜증을 낸다.

---

21.   생선 공장 휴게실, 얼마 후

소영이 테이블 앞에 앉아있는 미선에게 다가간다... 그녀의 한식 점심을 바라본다...

소영
혹시... 한국 사람이세요?

미선
엄마야! 한국인이세요?

소영
네. 네.

미선은 기쁨과 안도감으로 가득 찼다. 둘은 몇십 년 만에 만난
자매처럼 느껴졌다.

미선
한국 사람이 또 있으니까 좀 살 거 같네!

소영
저도요.

미선
반가워요, 너무 반가워요. 난 미선이에요.

소영
저는 소영이에요. 김소영.

미선
소영 씨, 몇 살이세요?

소영
60년생이에요.

미선
언니시네. 앉으세요 언니, 같이 먹어요.

소영
네...

둘은 같이 앉는다.

미선
여기서 오래 일했어요?

소영
아뇨, 저도 여기서 일한 지 얼마 안 됐어요.

미선
(소영의 음식을 가리키며)
이거 뭐예요, 샌드위치? 와... 완전히 백인 같으네요.

미선은 자신의 점심을 꺼내 도시락 뚜껑에 조금 퍼낸다.

미선 (CONT'D)
좀 드세요. 밥을 너무 많이 쌌어요.

소영
고마워요. 이거 반 줄까요?

미선
좋아요.

둘은 먹기 시작한다.

미선 (CONT'D)
후... 생각했던 거보다 이 일 너무 힘들어요. 시간이
지나면 좀 쉬워지겠죠?

소영
그럴 거예요. 아마.
(사이)
젓갈 진짜 맛있네요.

미선
그렇죠? 우리 시어머니께서 한국에서 직접 갖고 오셨어요.
부산 시장에서 비싸게 주고 사신 젓갈이거든요.

소영
젓갈을 몇 년 만에 먹네요.

미선
더 드세요.
(사이)
그러면... 여기 이민 오신 거죠?

소영
네.

미선
혼자서요? 아님 가족이랑 다 같이 왔어요?

소영
아들이랑요.

미선
단둘이요?

소영이 고개를 끄덕인다.

소영
(샌드위치를 가리키며)
음... 그거 먹다 이거 먹으니까... 먹기 힘드네요.

---

22. 소영의 집 화장실, 이후

동현이 세수를 한다.

동현이 수건으로 얼굴의 물기를 닦고, 거울의 자기 얼굴을 처음
본다는 듯 신기하게 바라본다. 동현이 눈을 뜰 수 있을 만큼
크게 떠본다... 그리고는 눈을 길게 찢어본다... 몇 번을 반복한다.

---

23. 소영의 집 동현의 방, 얼마 후

소영이 방을 정리하는 사이 동현이 침대 속으로 들어간다.

6살 동현
엄마. 엄마는 나 이상하게 생긴 거 같아?

소영
응? 무슨 말이야? 그런 걸 왜 물어봐?

6살 동현
그냥.

소영
너 엄청 잘생겼어. 눈도 크고, 코도 뾰쪽하고...
왜, 누가 뭐라고 했어?

6살 동현
아니.

소영
정말?

6살 동현
응.

사이.

소영
어서 자.

6살 동현
안녕히 주무세요.

소영이 불을 끄고 밖으로 나간다.

얼마 후, 소영이 불을 다시 켜고 들어와 동현 옆에 앉는다.

소영
동현아, 혹시 누가 놀리거나 괴롭히면, ["너 태권도 알아?"]
하고 팍 쎄게 때려버려.

6살 동현
근데 난 태권도 할 줄 모르는데.

소영
상관없어. 그냥 할 줄 아는 것처럼 때려도 뭐가 뭔지 몰라
걔네는. 그럼 아무도 널 또다시 안 괴롭힐 거야. 알겠지?

동현이 고개를 끄덕인다.

---

24. 초등학교 운동장, 낮

아이들이 술래잡기를 하고 있다.

동현이 뒤에서 보면서 같이 놀고 싶어 한다.

       6살 동현
       [나도 해도 돼?]
       (다른 아이에게)
       [나도 해도 돼?]
       Can I play?
       (then)
       Can I play?

모두 동현을 무시한다.

    6살 동현 (CONT'D)
    [스튜어트, 나도 해도 돼?]
    Hey Stewart, can I play too?

    스튜어트
    [그래, 니가 술래!]
    You're it!

동현이 스튜어트와 다른 아이들을 잡으러 쫓아간다. 마침내 한
명의 아이를 잡고 동현이 도망을 간다.

    애슐리
    [데이비드 여기야! 일로 와!]
    David, come here. Come this way.

애슐리가 지금은 데이비드인 동현을 숨도록 도와준다. 모두
즐거운 시간을 보내고 있다. 그리고는, 지미가 달려와 동현의
얼굴에서 안경을 낚아챈다.

6살 동현
[야! 돌려줘!]
Hey! Don't. Give it back.

지미
[쟤 잡아! 앞을 못 봐!]
Tag him! He's blind.

사라가 달려와 동현을 잡는다.

사라
[니가 술래!]
You're it!

모든 아이들이 동현에게서 도망간다.

6살 동현
[안경 내놔!]
Give me back my glasses!

지미는 미끄럼틀 위로 올라가 안경을 써본다.

113

지미

[우와... 이상해...]

Whoa... weird...

스튜어트

[나 써볼래, 나 써볼래.]

Let me try, let me try.

6살 동현

[내놔!]

Give it back!

아이들이 안경을 돌려가며 동현을 놀린다. 동현은 조심히
미끄럼틀을 올라간다.

스튜어트

[못 올라오게 해!]

Don't let him come up!

사라	지미
[오지 마!]	[내려가 라이스보이!]
Get away!	Stay back, riceboy!

지미가 침을 뱉는다. 다른 아이들도 따라서 침을 뱉는다.
애슐리는 제외하고.

애슐리
[윽, 그러지 마! 더러워!]
Eew, don't do that! That's gross!

동현이 물러서서 얼굴에 묻은 침을 닦아낸다.

스튜어트
[못 잡을걸! 못 잡을걸!]
You can't get us! You can't get us!

스튜어트가 눈을 찢으며 아시아 사람을 놀리자 다른 아이들도
따라서 동현을 라이스보이라 부르며 아시아 사람을 놀리는
행동을 한다.

6살 동현

[그렇게 부르지 마!]

Don't call me that!

지미

(우스꽝스럽게 따라 하며)

[그렇게 부르지 마. 그렇게 부르지 마.]

Don't call me that. Don't call me that.

동현이 화가 나 미끄럼틀을 오른다. 아이들이 다시 침을 뱉기
시작한다.

동현이 침 범벅으로 미끄럼틀 정상에 오르자 아이들이 당황하며
서둘러 미끄럼틀을 빠져나간다.

지미 (CONT'D)

[아아아! 진짜 올라왔다! 도망가!]

Ahhhhh! He's here! Run!

6살 동현

[너 태권도 알아?]

116

Do you know Tae-Kwon-Do?

동현이 있는 힘을 다해 주먹으로 스튜어트의 입을 때리고
축구공을 차듯이 지미의 가랑이를 힘껏 차버린다. 지미가 동현의
안경을 쥔 채로 한 방에 쓰러진다.

그러자 한 손이 동현의 어깨를 잡고 동현을 때릴 듯 크게
휘두르더니 다른 아이의 얼굴을 쳐버린다.

"아아아!" 한 아이가 넘어진다.

동현이 아래로 눈을 찌푸려 본다. 애슐리가 코가 피범벅이 된
채로 바닥에 쓰러져있다. 동현은 겁을 먹는다.

---

25. 생선 공장 선착장, 낮

소영과 미선이 쉬는 시간, 햇볕 아래에서 커피를 즐긴다. 소영은
담배를 피우고, 몇몇 다른 일꾼들이 옆에서 담배를 피운다.

미선

와, 하늘 좀 봐봐. 이렇게 공기가 좋은 나라에서 어떻게 담배를 피워요? 거기다가, 담뱃값 장난 아니라던데.

소영

맞아요... 끊어야 되는데.

화면 밖에서 어느 남성 일꾼이 크게 소리친다;

남성 일꾼 (O.S.)

[소영 씨, 전화 왔어요.]

So-young, there's a call for you.

---

26. 초등학교 복도, 이후

소영이 학교의 정문을 지나 복도를 황급히 달려간다.

애슐리가 얼음주머니를 코에 대며 **(애슐리) 아버지**와 함께 복도를 빠져나간다. 아버지는 소영을 째려보며 지나간다.

27. 초등학교 교장실, 이후

소영과 동현이 **래퍼티 교장**(50대, 남성)의 책상 앞에 같이 앉는다.
동현은 휘어진 안경을 쓰고 있다.

소영이 흥분한다.

　소영
[왜 다른 애들은 혼나지 않죠? 걔들이 맨날 인종차별 했어요! 엄청
놀려댔다고요!]
Why the other kids not in trouble? They be
racist to him every day! Teasing him, do funny
faces—

　래퍼티 교장
[다른 아이들의 행동이 인종차별적이라고 말하기엔 좀 과할 것
같습니다.]
Mrs. Kim, please... I think it's a bit extreme to
refer to the children's actions as racist..

소영

[이건 인종차별이에요!]

This is racism.

래퍼티 교장

[뭐라구요?]

Excuse me?

소영

[지금 이거요! 이것도 인종차별이라구요!]

This. Right now. This is racism.

래퍼티 교장

[죄송합니다만, 동현 어머니 말씀은 제가—?]

I'm sorry, do you mean to say... are you
suggesting that I'm being—?

소영

[왜 엄마 중에 나만 여기 있나요? 다른 엄마들은요?]

Why me only mom here? Why no other mommies
here too? Huh?!

래퍼티 교장

[당신 아들이 여자애 얼굴을 때렸기 때문이에요!]

Because your son punched a little girl!

소영

[그건 사고라구요!]

That was accident!

래퍼티 교장 (CONT'D)

[또 때린 두 애들은 얘기도 안 하고 있는 겁니다!]

Not to mention the other two boys he hit.

소영 (CONT'D)

[애들은 싸우면서 크는 거라구요!]

Children are supposed to hit and fight...

래퍼티 교장

[그런 게 어딨어요! 난...]

No, they're not. I—

소영 (CONT'D)

[맞고만 있을 순 없잖아요!]

He can't do nothing. He has to fight for himself.

래퍼티 교장 (CONT'D)

[동현 어머니, 우리는 아이들에게 폭력으로 문제를 해결하라고

가르치지 않습니다. 이 학교는 절대 그러지 않아요!]

(사이)

[모든 학부모들이 다 화가 나 있고―]

Mrs, Kim, we cannot teach our children to
fight... to... to use violence as a way of resolving
conflict. No. I'm sorry, but no.

(beat)

Now, the other parents are very upset about
what's happened and—

소영

[저도 화가 났어요!]

I'm upset. I'm upset too.

래퍼티 교장

[모두가 화가 나 있다는 것은 알겠습니다. 그래서 이런 문제가 다시는
일어나지 않도록 합리적으로 해결할 것입니다. 이해는 되시나요
어머님?]

I understand that. Everyone is upset about
this situation, about what's happened. So, what
I'm trying to do is handle this in a fair and

just manner so that this type of incident does
not occur again. Are you hearing me? Do you
understand what I'm saying to you, Mrs. Kim?

소영
(자신에게)
싸가지 없는 새끼... 주둥이를 그냥 확... Yes, I
understand!

래퍼티 교장은 한국어를 알지 못하지만, 좋은 말이 아니었던 것은
알 수 있었다.

---

28. 초등학교 교무실, 같은 시각

다른 선생님(40대, 여성)이 교장실 바로 앞에서 **교무실 비서**(50대,
여성)에게 물어본다.

다른 선생님
[무슨 일이에요?]
What's going on in there?

교무실 비서

[그 동양인 애 엄마예요.]

It's the oriental boy's mother.

다른 선생님

[아...]

Ah...

---

29. **초등학교 교장실, 계속**

래퍼티 교장

[메이비드를 1주 동안 정학시키겠습니다.]

I am suspending David for one week.

소영

[정악...?]

Sus-p...?

래퍼티 교장

[정학이요.]

Suspending.

소영
[정학이요? 정학이 뭐예요?]
Suspending? What is suspending?

래퍼티 교장
[한 주 동안 학교에 못 나오게 되는 겁니다...]
He is to not come to school for one week.

동현은 슬픔으로 눈에 점점 눈물이 고이기 시작한다.

소영
[그럼 동현이는 뭐 하나요?]
And what does he do?

래퍼티 교장
[집에서 혼자 공부하도록 숙제를 내줄 겁니다.]
He'll be assigned his homework and expected to
do it on his own time.

소영

[그럼 어디에 가 있어요?]

Where does he go?

래퍼티 교장

[그건 남편분과 같이 상의하세요.]

I... that's for you and your husband to decide.

소영

[애는... 저 혼자라구요. 전 매일 일해요. 애가 집에 혼자 있을 순
없다구요.]

I don't have... it's just me.

I work everyday, he can't be home by himself all
the time.

래퍼티 교장

[미안하지만 그건 제가 어쩔 수 없네요.]

I'm sorry, but I can't help you with that part.

소영

[다른 애들은요?]

What about the other boys?

래퍼티 교장
[다른 애들이요?]
What about them?

소영
[걔네들도 정학인가요?]
They suspend too?

래퍼티 교장
[아뇨.]
No.

소영
그러겠지...

래퍼티 교장
[다른 부모들이 퇴학을 원하는 걸 제가 말려서...]
The other parents want David expelled. I
personally feel that's...

동현이 조용히 울기 시작한다.

    소영
    (동현에게)
    울지 마.

    6살 동현
    엄마, 미안해... 잘못했어...

소영이 동현의 손을 꽉 잡는다.

    소영
    (단호히)
    넌 잘못한 거 없으니까 그만 울어.

동현이 울음을 그치려 애를 쓴다.

    래퍼티 교장
    [이런 일이 있게 돼서 죄송하지만, 중요한 것은 폭력은 절대 그냥
    넘어가서는 안 된다는...]
    I'm sorry for all this, really, I... The bottom line

is this; acts of physical violence simply cannot
go unpunished—

소영

[감정 폭력은요? 내 아들은 다른 애들이 지금 아픈 거 보다 더
아프다구요, 매일매일이. 근데 처벌받는 건 우리 애 하나네요.]
What about emotional violence? My son hurt
more everyday than how the other boys hurt
now. But, he's the only one punish.

래퍼티 교장

[죄송하지만...]
I'm sorry you feel—

소영

[죄송합니다, 죄송합니다... 말만 그렇지 사실은 안 죄송한 거 알아요!
조금도 안 죄송하잖아요!]
Sorry, sorry, sorry... you keep saying sorry, but
you not sorry! You not sorry even little bit!

30.   초등학교 교무실, 이후

소영이 동현의 손을 꽉 잡고 교무실을 빠져나간다. 교무실 비서와
몇 명의 다른 선생님들이 그들을 지켜본다. 동현이 부끄러워
고개를 떨군다.

소영이 이를 알아차린다;

> 소영
> 고개 들어.

동현이 고개를 든다.

---

31.   초등학교 주차장, 얼마 후

소영과 동현이 차에 탄다. 소영은 화를 참는다.

---

32.   소영의 차 안, 계속

소영은 잠시 아들을 바라본다.

> 소영
> 안경 줘봐.

동현이 안경을 건네준다.

소영이 휘어진 안경을 제대로 맞추고 다시 동현에게 씌워준다.

> 소영 (CONT'D)
> 잘 들어, 남자는 인생에서 딱 세 번만 우는 거야. 태어날
> 때, 엄마가 죽었을 때, 그리고 아빠가 죽었을 때야. 알겠어?
> 약한 모습 보이면 딴 사람들이 다 널 무시할 거야.

동현은 엄마의 충고를 귀담아듣는다.

---

33. 고등학교, 낮 (1999)

텅 빈 복도. 모든 교실은 수업 중이다.

학교 종이 울린다.

---

34.   고등학교 운동장, 이후

15살이 된 동현은, 머리를 노랗게 물들이고 파란 렌즈로 눈에 색을
씌운 모습으로, 몇 명의 친구들과 운동장을 가로질러 뛰어간다.
그들은 동현의 유일한 친구인 **해리**와, 건장한 체격의 **에거스**와
잭슨; 나이에 비해 매우 성숙하게 자란 **애슐리**와, 그녀의 친구인
린제이와 **스테프**다. 모두 15살의 백인 아이들이다. 남자아이들은
서로 비슷비슷한 옷을 입었고 그것은 여자아이들끼리도
마찬가지였다.

그들은 울타리를 넘어 외딴곳으로 향한다...

---

35.   고등학교 어느 비밀 장소, 이후

해리가 대마초를 한 모금 피운 후 애슐리에게 넘겨주니, 애슐리도
한 모금 피우고 또 넘긴다. 모두 아주 능숙하게 대마초를
피워댄다. 동현은 무리에서 약간 떨어져 지켜본다.

해리

[야 스테프, 가르밴조빈이랑 칙피랑 뭐가 다른 줄 알아?]

Yo Steph, wanna know what the difference
between a garbanzo bean and a chickpea is?

스테프

[몰라. 뭔데?]

I don't know. What?

해리

[가르밴조빈은 얼굴로 받아본 적은 없지.]

I've never let a garbanzo bean on my face.

남자아이들이 웃는다.

린제이

[우웩.]

Ew.

스테프

[이해가 안 가. 가르밴조빈이 뭐야...?]

I don't get it. What's a garbanzo bean...?

애슐리
[신경 쓰지 마.]
Don't worry about it.

에거스가 동현에게 파이프를 건넨다;

에거스
[헤이 코리아, 한 번 피워.]
Yo, Korea, hit this.

애슐리
[저번에 린제이네 집에서 하룻밤 잤을 때 침대에 누워서 얘기했거든.]
So I was over at Lindsay's on the weekend for a
sleepover and we're laying in bed, right?

해리
[오.]
Oooh.

애슐리

[내가 린제이한테 마지막으로 오르가즘 느낀 적이 언제냐고 물어봤더니 3일 전이라고 하더라. 근데 갑자기 애 아빠가 들어오더니 그러는 거야, "내가 너 어제 연기하는 거 알았다!"]

And I ask her when the last time she had an orgasm was and she says, three days ago. Then, all of a sudden, her dad bursts into the room and shouts, "I knew you were faking it last night!"

린제이
[애슐리!]
Ashley!

린제이 (CONT'D)
[시팔 하나도 안 재밌거든!]
That's not fuckin' funny!

해리
[오. 시팔 뭐야...?]
Ugh. What the fuck...?

스테프

[왜 난 초대 안 한 거야?]

Why wasn't I invited?

잭슨

[그거 웃으라고 한 얘기냐?]

Was that supposed to be
a joke?

에거스

[야 린제이, 넌 경찰서 가서 얘기 좀 해야겠다. 완전 미쳤네.]

Yo, Lindsay, you should go talk to the police.
That's fucked up.

린제이

[닥쳐! 진심... 진짜로...! 웃지 마. 웃지 마!]

Shut up! Seriously... oh my gawd...! Stop
laughing. Stop laughing!

---

36. 고등학교 교실, 낮

동현은 뒤에 앉아 몇 줄 옆에 있는 애슐리를 쳐다본다. 해리는
동현의 근처에 앉아 과자를 몰래 집어 먹고 있다.

반 학생들은 **머레이 선생님**(30대, 남성)이 한 말에 웃음이 터졌다.

머레이 선생님

[이제 정신 좀 차렸지?]

(사이)

[마야 안젤루는 아주 유명한 말을 남겼지, "과거를 소중히 생각해라.

어디서 왔는지 모른다면 어디로 갈지도 모르기 때문이다."]

Alright, are we awake now? Okay.

(then)

Maya Angelou once famously said, "I have great
respect for the past. Because if you don't know
where you've come from, you don't know where
you're going."

남학생

[마 안젤로는 또 누구야?]

Who's Ma Angelo?

애슐리

[D.안젤로 사촌인가?]

Is she related to D'Angelo?

머레이 선생님

[가족은 아닐 거야. 해리.]

No, I don't believe there's any relations there.

(then)

Harry.

해리

[네?]

Yeah?

머레이 선생님

[여기서도 니 입에 과자 묻은 게 보인다. 그만 먹어.]

I can see the crumbs on your lips all the way
from here. Come on, put that away.

동현이 보고 있는 것을 애슐리가 눈치챈다. 그녀가 미소를 떠자
동현은 시선을 아래로 피한다.

머레이 선생님 (CONT'D)

[마야 안젤루는 위대한 흑인 뮤지션이자 작가, 인권운동가, 안무가였어.
내가 이 말을 왜 했냐면 지금부터 낼 숙제를 위해서야. 다들 가족

관계도를 그려보고 그걸 나와서 발표할 거야. 전에 초등학교에서
해봐서 친척 이름들을 다 들어봤던 애들도 있을 거야. 그거랑 똑같은
개념으로, 몰랐던 가족의 역사를 좀 더 깊이 알아보는 시간을 갖도록
하자. 이걸로 조상의 뿌리나, 가업, 가족이 겪어왔던 고난을 알 수 있을
거야. 무엇을 주제로 하고 싶은지는 너희 마음이야.]

Maya Angelou was a great African-American
musician, writer, activist, dancer... And I
share her quote with you to preface your next
assignment: I want you all to create and present
your family tree. I'm sure some of you may have
done this back in elementary school with the
drawing of a tree and listing the names of all
your relatives and so on. But for this, I want you
to take the same concept and use that as a way
to uncover and learn things about your family's
past that you may not have known before. This
could do with the origins of your ancestry, the
line of work your family has been involved in,
challenges or struggles people have overcome,
it's completely up to you to decide what you want
to focus on.

여성 학생

[보드에 붙일까요?]

Do you want it on a poster board?

머레이 선생님

[그럴 수도 있지. 하지만 정해진 건 없어. 콜라주로 해도 되고, 슬라이드 쇼로 해도 되고, 전에는 짧은 영상으로 만든 애도 있었어. 제약은 없으니까, 너네들이 가장 자신 있는 걸로 만들어봐. 점수는 작품의 창의성 중심으로 매길 테니까 명심하고. 그러니깐 생각과 노력을 많이 기울여라, 알겠지?]

It could be. Sure. But, it can also be anything. You can create a collage, a slide show, once I even had a student make a short film. There are no rules to what you can do, whatever you feel would work best is fine with me. Note that a part of the grading will be based on the creativity of your presentation. So, really, make sure to put some thought and effort into that. Yeah?

머레이 선생님의 목소리에 오버랩이 되면서... 에거스와 잭슨이 작은 **한국인 여성 학생**을 괴롭힌다. 동현은 이를 보지만 무시한다.

한국인 여성 학생

(한국식 영어 발음으로 에거스에게)

[꺼져, 병신아.]

Fuck off, asshole.

에거스

(그녀를 장난스럽게 따라 하며)

[꺼져, 병신아. 꺼져.]

Fuck off, asshole. Fuck off.

머레이 선생님이 그 학생들에게 소리친다;

머레이 선생님

[반 전체랑 나누고 싶은 얘기가 있니? 없으면 조용하고 집중하자,

알겠지?]

(사이)

[이 숙제는 너희 가족과 너희 과거, 그리고 너희 자신을 알 수 있는 좋은

기회가 될 거야. 이 시간을 낭비하지 말고, 우리 서로가 더욱 깊이 알 수

있는 시간이 됐으면 좋겠다.]

(키득키득대는 학생에게)

[제발, 이상한 생각하지 말고, 질문 있어?]

Something you want to share with the rest of
the class? No? Then, let's keep it down and pay
attention, shall we?

(then)

This could be a really wonderful opportunity for
you to get to know your family, your past, and
in turn, yourself better. Take advantage of this,
don't waste it. My hope is that by the end, we'll
all know each other a little better, a little deeper
than we did before.

(to a giggling student)

Come on now, get your mind out of the gutter.
Any questions?

몇이 손을 든다.

---

37. 생선 공장, 낮

전보다 나이 들고 쇠약해진 소영이 능숙하고 신속하게 일을
한다.

38.   생선 공장 선착장, 낮

소영과 미선, 그리고 다른 여성 일꾼들이 바람을 쐬기 위해
몰려나온다.

한 **인도 여성 일꾼**은 사람들에게 간식을 나눠주고, 다른 **멕시코
여성 일꾼**은 오르차타를 한 잔씩 따라준다.

사이먼(캐나다 혼혈 한국인, 30대, 언청이)이 자신의 밴에 생선
박스를 싣고 서류에 서명을 한다.

소영과 사이먼은 눈이 마주치자 서로 미소를 짓는다.

멕시코 여성 일꾼은 지나가는 사이먼을 보고 부른다;

> 멕시코 여성 일꾼
> [사이먼 씨. 사이먼 씨. 오세요!]
> Simon! Simon, come!

컵을 건네준다.

사이먼

[고마워요. 이게 뭐예요?]

Thank you. What is this?

멕시코 여성 일꾼

[오르차타예요.]

Horchata.

사이먼

[음 맛있네..]

Mmm. This is good.

사이먼이 소영 쪽으로 걸어간다.

사이먼 (CONT'D)

[어때요, 잘 돼가요?]

Hi. How's it going?

소영

[좋아요. 사이먼 씨는요?]

Good. You?

사이먼

[좋아요. 오늘 바쁘네요.]

Good. Busy day.

소영

[피곤해 보여요.]

You look tired.

미선이 소리친다;

미선

[사이먼, 와서 앉아봐요.]

Simon, come sit with us for a bit.

사이먼

[그게 그러고 싶은데, 일해야 돼요.]

(소영에게)

[그럼 이따 봐요.]

I wish. I wish I could, but I have to run.

(to So-young)

Okay. I'll see you later.

소영

[네 잘 가요.]

Yes. See you.

사이먼이 모두에게 손을 흔들고 자리를 떠난다.

---

39. 생선 공장 선착장, 얼마 후

직원들이 다 같이 모여 태양 아래 수다를 떨며 주전부리를 먹고
있다.

중국 여성 일꾼

[애 선생님이 우리 애 이름 바꾸라는데, 그래서 리처드라고 할라는데,
어때?]

Teacher say I should change my son's name, so
we are thinking of calling him, Richard. What
do you think?

필리핀 여성 일꾼

[그건 우리 애 이름인데.]

That's my son's name.

중국 여성 일꾼
[아이야... 왜 애 이름이 리처드인거?!]
Your son...? Aiyaa... why your son name
Richard?!

필리핀 여성 일꾼
[미안...]
Sorry.

중국 여성 일꾼
[흠... 그러면 스탠리로 할까. 스탠리도 좋은데.]
Hm... maybe we go with Stanley then. I like
Stanley too.

미선
[스탠리는 내 남편 이름이야!]
Stanley is my husband's name!

중국 여성 일꾼

[남편 이름이 스탠리? 그럼 이름이 스탠리 파크여?]

Your husband name is Stanley? Your husband
name is Stanley Park?

미선

[공원 이름이랑 같은 줄 우리도 몰랐어.]

Yes. We didn't know...

다들 웃는다. 중국 여성 일꾼이 작은 종이를 꺼내 든다.

중국 여성 일꾼

[데이비드는 어때?]

How about David?

소영

[어떡하지. 그건 내 아들 이름이야.]

Oh no. That's my son's name.

중국 여성 일꾼

(중국어로)

무슨 일이야?

(영어로)

[마지막이여... 케빈. 케빈은 없지?]

(in Chinese)

What is going on here?

(in English)

Last one... Kevin. Anyone have Kevin?

그녀는 주위를 둘러본다.

멕시코 여성 일꾼

[우리 건물관리인 이름이 케빈인데, 괜찮지 뭐.]

My building manager name is Kevin, but that's okay.

중국 여성 일꾼

[문제없지. 케빈 이름 어때, 좋아?]

Yeah, no problem. You think Kevin a good name?

소영
[좋네, 케빈 코스트너처럼.]
Yes, like Kevin Costner.

필리핀 여성 일꾼
[딱 좋네! 발음도 쉽고.]
Very Clean! Simple,
easy to say.

중국 여성 일꾼
[누구, 케빈 커슨...?]
Who Kevin... Cussn...?

소영
[케빈 코스트너, 보디가드에 나오는.]
Kevin Costner. Bodyguard.

소영 (CONT'D)
[휘트니 휴스턴이랑 영화 나온
남자말야, 몰라?]
Movie with Whitney
Houston. You don't know?

미선
[으음... 정말 좋아...]
Mmm...I love...

중국 여성 일꾼
[영화?]

Movie?

소영

[아냐, 아냐. 케빈 좋은 이름이다.]

Nothing, nothing. Kevin is a good name.

중국 여성 일꾼

[정말로? 다른 케빈이라는 사람을 아는 것 같은데.]

You sure? You know someone name Kevin
already.

소영

[암말도 아냐. 케빈으로 하는 게 좋겠다.]

Forget what I said. You should choose Kevin.

필리핀 여성 일꾼

[그래, 케빈 좋아.]

Yeah, Kevin is good.

중국 여성 일꾼

[흠... 오케이. 오케이? 오케이! 내 아들은 케빈이다. 끝!]

Hm... okay. Okay? Okay! My son is Kevin.
Finished!

멕시코 여성 일꾼
[축하해!]
Congratulations!

모두들 축하한다.

---

40. 소영의 집, 밤

소영이 저녁 준비를 마치고 부른다.

소영
동현아, 와서 먹어!

답이 없다.

소영 (CONT'D)
데이비드! 저녁 다 됐어!

여전히 답이 없다.

        소영 (CONT'D)
        왜 대답이 없어...?

소영이 동현의 방에 짧게 노크를 하고 문을 연다—동현이 침대에
퍼져서 잠을 자고 있다.

        소영 (CONT'D)
        뭐 하는 거야? 자니?

소영이 동현의 엉덩이를 찰싹 때리고... 동현이 천천히 끙끙거리며
일어난다.

        소영 (CONT'D)
        방 드러운 거 봐봐...

소영이 바닥에 널브러진 옷 무더기를 집어, 냄새를 맡고는, 치워
놓는다.

소영 (CONT'D)

냄새... 쩐내가 나네. 윽, 이 옷 좀 빨아라...

동현

[그냥 냅둬. 내가 할 테니까.]

Just leave it alone. I'll put it away.

소영

얼씨구. 얼굴에 침이나 닦고 와서 저녁이나 드세요.

동현

[그냥 냅둬.]

Just leave it.

소영은 동현의 주머니에서 약간의 대마초를 발견한다.

소영

이게 뭐야?

동현이 뛰어들어 소영에게서 낚아챈다.

154

동현

[내 물건 좀 건들지 마! 진짜!
사생활 좀 침해하지 말라고!]

Will you leave my stuff
alone! Gawd! You're always
invading my privacy!

소영 (CONT'D)

뭐였어? 그거 마리— 뭐라
그러더라? 그거 맞지, 아냐?

동현 (CONT'D)

[그냥 좀 나가!]

Just get outta here!

---

41.   소영의 집, 밤

부기가 밥을 먹고, 소영과 동현도 밥을 먹는다.

소영

그딴 거 하지 마. 경고한다, 그딴 건 건들지도 마.

동현

[그런 거 아니라고...]

155

It's not what you think.

소영
엄마가 바본 줄 알아? 내가 그런 거 모를 거 같지? 정신
이상해지고 미친놈처럼 웃게 되는 거. 하지 마. 알았지?
절대로 하지 마! 술, 담배, 마약... 절대 먹지 마.

동현
담배를 어떻게 먹어.

소영
[내 말 들었지? 하지 마.]
You heard me? Don't do it.

동현
[알았어.]
Okay.

소영
국 더 줄까?

동현이 고개를 젓는다.

동현
[엄마, 뭐 좀 물어봐도 돼?]
Mom, can I ask you something?

소영
[뭔데?]
What is it?

동현
[아빠에 대해서 말해줘.]
Can you tell me about my dad?

소영
[아빠?]
Your dad?

동현
[응.]
Yeah.

소영

[얘기하고 싶지 않아...]

I don't want to talk about...

동현

[어떤 사람이었는지 가르쳐 줘. 착했어? 똑똑했어?]

Can you tell me what he was like? Was he nice?
Was he smart?

소영

나중에 얘기해.

동현

[나중에 언제?]

When?

소영

지금 너무 피곤해.

동현

[나를 알고는 있었어?]

Did he even know about me?

소영

식기 전에 빨리 먹어.

동현

[왜 아빠에 대해서는 아무것도 얘기를 안 해줘?]

Why won't you ever tell me anything about him?

노크소리—

동현이 문을 여니, 사이먼이 커다란 쌀자루를 들고 왔다.

동현 (CONT'D)

[안녕하세요.]

Hey, Simon.

사이먼

[데이비드 잘 지내?]

How you doing, pal?

소영

[사이먼 씨 오셨어요.]

Hi.

사이먼

[안녕하세요. 쌀...]

Hi. I got the...

소영

[고마워요. 정말로요.]

Thank you. Thank you so much.

사이먼

[어디다 놓을까요?]

Where should I put this?

소영

[여기에요.]

Over here.

사이먼

[냄새 죽이네요.]

Smells amazing in here.

사이먼이 구석에 쌀자루를 내려놓는다.

사이먼 (CONT'D)

[이렇게 놓을까요?]

Just like this is fine?

소영

[네, 좋아요. 배고파요? 저녁 먹었어요?]

Yes, there is good. Are you hungry? Have you
had dinner?

사이먼

(서투른 한국어로)

배고파요!

---

42. **소영의 집, 밤**

셋이서 밥을 먹는다.

사이먼
(동현에게)
[요즘 어때? 학교는.]
(to Dong-hyun)
How are things at school?

동현
[좋아요.]
Fine.

사이먼
[리 선생님은 어때? 그분—]
How you liking Miss Lee? She's—

소영이 사이먼에게 물을 따라주고, 자기 컵에도 따른다.

사이먼 (CONT'D)
(소영에게)
[고마워요.]

(동현에게)

[이번에 리 선생님 수업 듣는다고 했지?]

(to So-young)

Thank you.

(to Dong-hyun)

You said you have her this semester, right?

동현

[선생님이 아프신가 그렇대요. 그래서 지난주는 대체 수업했어요.]

Apparently she's sick or something, so we've
had a sub for the past week.

사이먼

[아. 괜찮으셔야 될 텐데. 대체 선생님은 누구지?]

Oh. Hope she's okay. Who's the sub?

동현

[몰라요. 어떤 여자 선생님요.]

I don't know. Some lady.

소영이 냉장고에서 사과 몇 개와 칼을 들고―아픈 듯 등허리를

163

잡는다.

사이먼
[허리는 좀 어때요?]
How's the back doing?

소영
[똑같아요.]
About same.

사이먼
[내일 예약이 언제예요? 내가 같이 갈게요.]
What time's your appointment tomorrow? I'll
try and go with you.

소영
[아니 괜찮아요.]
It's okay.

사이먼
[아뇨, 내 생각엔... 내가 같이 가야 할 거 같아요.]

No, I think... I should go with you.

소영
[바쁘잖아요.]
You're busy.

사이먼
[시간 낼게요. 그게 심각한 거
같아요. 오래됐는데도... 확실히
검사를 받아야 할 것 같아요—]
I'll make the time. I
mean, Jesus, this is
getting ridiculous. It's
been how long—?

소영 (CONT'D)
[먹어요, 우선 먹어. 나중에
얘기해요.]
Eat. Eat first. We'll talk
about it later.

동현
잘 먹었습니다.

동현이 다 먹은 그릇을 싱크대에 놓는다.

소영
여기 좀 앉아서 사과도 먹고 얘기도 좀 하지 그래?

동현
나 숙제해야 돼.

소영
조금 이따가 해도 되잖아.

동현
빨리 끝내고 싶어.

소영
언제부터 그렇게 열심히 공부를 했다고?

동현
[다음에 봐요, 사이먼.]
See you later, Simon.

사이먼
[데이비드 잠깐만. 음, 누가 나한테 금요일에 가라고 커넉스 개막전

티켓을 두 장 줬는데, 너... 나랑 갈래? 추로스도 먹고, 누런 치즈
쏟아부은 나초도 먹고. 어때?]

Hey, David, one sec. Listen, uh...
so, somebody gave me a couple of tickets to the
Canucks opener this Friday. I was thinking...
you and me. Wanna go? Eat some churros... some
nachos with that scary looking bright yellow
cheese on it... what do you say?

동현
[그렇게 하키 안 좋아해요.]
Um... I don't really like hockey all that much.

사이먼
[하키장에 가본 적 있어?]
Have you been to a game before? In person?

동현
[아뇨.]
No.

사이먼

[사실 나도 별로 안 좋아하는데, 경기장 가면은 진짜 재밌다.]

Honestly, I don't really care much for hockey
either. But, when it's live, it's a good time.
Seriously.

소영

그래, 둘이 가면 좋겠네. 재밌겠다.

동현

[금요일에 이미 약속 있어요. 미안해요.]

I already have plans on Friday.

사이먼

[오.]

Oh.

소영

그래?

사이먼

[음, 이미 약속이 있다면야, 뭐... 생각이 바뀌면 알려줘. 네
티켓이니까.]

Well, if you have plans already, then... Let me
know if you change your mind. The ticket's
your's if you want it.

동현

[넵.]

'Kay.

동현이 방으로 들어간다.

---

43. 소영의 집 부엌, 이후

거북이 부기는 저녁밥을 먹고, 사이먼은 소영을 도와 식탁을
치운다.

소영

[됐어요, 앉아요.]

It's okay. Just sit.

사이먼
[도와줄게요.]
I can help.

사이먼이 팔을 걷어붙이고 설거지를 시작한다.

소영
[아니에요. 냅둬요. 내가 해요.]
Don't... no. Leave it. I do it.

사이먼
[아니에요, 내가 할게요. 나 설거지 잘해요.]
It's fine. I'm capable of doing dishes. I got it.

소영이 사이먼을 밀어내려고 한다... 사이먼이 재빠르게
고무장갑을 낀다.

사이먼 (CONT'D)
[나 이미 고무장갑 꼈어요.]

I've already got the gloves on.

소영
[하지 마요. 장갑 벗어요.]
No. Stop. I do them.

둘은 계속 장난치듯 고무장갑을 두고 다툰다.

사이먼
[알았어요. 가위바위보? 이긴 사람은 설거지하고, 진 사람은 이긴
사람한테 뽀뽀하기. 어때요?]
Fine. Rock paper scissors? Winner does the
dishes and the loser has to give the winner a
kiss. Okay?

소영이 웃는다. 그리고 둘은 가위바위보를 한다.

사이먼 (CONT'D)
[삼세판!]
Best out of three!

171

44. 소영의 집 동현의 방, 같은 시각

동현이 책상에 앉아 작은 지구본을 돌리고 있다. 소영과 사이먼의 소리가 부엌에서 들려온다. 동현은 CD플레이어를 틀고 헤드폰을 낀다.

그러고는 사진 몇 장을 꺼내 마음에 드는 사진을 골라내고 있다. 친척도 친구도 없는, 전부 둘만 있는 사진이다.

---

45. 소영의 집 밖, 밤

사이먼이 쓰레기를 들고나오고, 소영이 사이먼의 짐을 챙겨 나온다.

> 소영
> [고마워요.]
> Thank you.

소영은 사이먼을 차까지 바래다준다. 둘은 손을 잡고 차까지 최대한 천천히 걸어간다.

소영 (CONT'D)

[새들이 우는 소리 들어봐요.]

Listen to the birds crying. It's so late.

사이먼

[우는 소리요? 노래하는 소리요?]

Crying? You mean singing.

소영

[오, 영어로는 노래한다고 해요?]

Oh, do you say singing in English?

사이먼

[아니면 짹짹거리거나요. 둘 다 맞아요.]

Or chirping. Either works.

소영

[한국말에선, 운다고 해요.]

새가 운다.

In Korean, it's birds crying.

사이먼

새가 운다.

[신기하네.]

Interesting.

사이먼은 소영이 싸준 남은 음식들을 차에 싣고...

사이먼 (CONT'D)

[소영 씨, 생각해 봤는데요... 그게, 말했는지 모르겠는데, 저... 소영 씨
정말 좋아해요. 말했었어요?]

Listen, I've been thinking... so, I don't know if
I've told you this, but... I really like you. Have I
told you that before?

소영이 고개를 끄덕인다.

사이먼 (CONT'D)

[아 그래요. 음, 네, 좋아해요. 소영 씨랑 같이 있는 것도 좋고, 계속
같이 있고 싶어요. 그래서 얘기하는 건데; 우리... 같이 살까요? 소영
씨랑 데이비드랑 저랑요.]

Oh good. Well, I do, I like you. I like being with

you and I'd like to be with you all the time. So
I have this idea: why don't we... why don't we
move in together? Live together. You and David
and me.

소영
[같이 살자고요?]
Live together?

사이먼
[네. 소영 씨가 우리 집에 들어와도 되고, 아니면 새로 이사 가도 되고,
소영 씨가 원하는 대로요. 어떨 거 같아요?]
Yeah. You could move in to my place or we could
find a brand new place, start fresh, whatever
you want. What do you think?

소영은 어쩔 줄 몰라 한다...

---

46. 생선 공장 선착장, 낮

소영과 미선이 햇볕 아래 커피를 마시며 수다를 떤다.

미선
...그러게... 쉽진 않네. 애 엄마가 다른 남자랑 산다는
게, 결혼도 안 하고... 좋아 보이진 않네. 사이먼은 여기서
자라서 웨스턴 스타일이다 보니까 뭘 모르네.
(사이)
그래서 어떻게 됐어?

소영
그러고 결혼할까요 하고 물어보더라.

미선
결혼?! 잘됐다!

소영
뭐가 잘돼? 내 나이에...

미선
언니 나이가 어때서? 아직도 젊은 나인데!

필리핀 여성 일꾼이 궁금해하며 다가온다;

필리핀 여성 일꾼
[무슨 일이에요?]
What's going on?

미선
[사이먼이 소영 언니한테 프러포즈했대!]
Simon propose to So-young!

필리핀 여성 일꾼
[허어! 축하해요 소영!]
Ohhhh! Congratulations, So-young!

중국 여성 일꾼
[무슨 일 있어요?]
What's going on?

필리핀 여성 일꾼
[소영 씨가 결혼한대요!]
So-young is getting married!

중국 여성 일꾼
[와! 굿 뉴스!]
Wow! Good news!

소영
[아니...아니...아직 몰라요.]
I'm not...I'm not...I don't know yet.

중국 여성 일꾼 (CONT'D)
[몰라요? 뭘 몰라요?]
You don't know? You don't know what?

미선
[뭐가?]
What? 무슨 말이야?

소영
[아직 대답을 안 했어.]
I haven't answered him yet.

필리핀 여성 일꾼
[왜요? 사이먼 씨 잘생기고 사람 좋잖아요.]
Why? Simon is so handsome and nice.

미선
뭐가 문젠데?

소영

[그... 몰라. 쉽지 않아.]

It's... I don't know. It's difficult.

필리핀 여성 일꾼

[생각을 너무 많이 하지 마요. (가슴을 가리키며) 들어봐요. 언니
심장이 제일 잘 알아요.]

Don't think too much. Listen to (she gestures to
her heart). Your heart know best.

미선

[맞아.]

She's right.

소영이 시간을 확인하고 자리에서 일어난다;

소영

[얼른 가야겠다.]

I have to go.

미선
어디 가?

소영
말했잖아, 의사한테 가.
[내일 봐요 다들.]
See you tomorrow, everyone.

미선
(다른 사람들에게)
[언니 병원 진료받으러 가요.]
(to the others)
She has doctor appointment.

소영이 떠난다.

---

47. 고등학교 도서관, 낮

동현이 도서관 서가에서 한국전쟁에 관한 책을 하나 고른다. 책을
펼쳐 본다. 책에는 미군과 찍은 어린 한국 아이들, 한국 지도,

피난민들, 맥아더 장군 등의 사진들이 있다.

한국인 여성 학생과 그녀의 **한국인 친구**가 근처의 책상에 앉아
속닥인다;

>한국인 여성 학생
>쟨 그냥 완전 바나나야. 백인 새끼들이랑만 돌아댕기고.
>한국말도 못 해.

>한국인 친구
>진짜?

>한국인 여성 학생
>야, 너 한국인이지? 한국말 할 수 있어? 야.

동현이 안 들리는 척한다.

>한국인 여성 학생 (CONT'D)
>거 봐.

한국인 친구
병신 새끼.

동현이 책을 들고 밖으로 나간다.

---

48.   고등학교 복도, 이후

애슐리가 자신의 사물함 앞에 홀로 서 있고, 동현이 이를
알아차린다. 동현이 크게 숨을 들이켜고 그녀에게 다가간다...
그러자, 린제이와 스테프가 애슐리에게 달려든다. 동현이 몸을
돌려 다른 방향으로 향한다.

---

49.   해리의 집 부엌, 낮

크고 좋은, 어느 교외 지역의 집 부엌에서, 동현과 해리는
대마초가 들어간 브라우니를 보며 이야기를 나눈다.

동현
[진짜 니 형이 뭐라 안 한다고?]

You sure your brother won't be mad?

해리

[없어진 줄도 모를걸. 몇 달 동안 서랍 안에 짱박혀 있었어.]

He won't even notice it's gone. It's been in his
drawer for like months.

동현

[뭐 얼마나 먹어야 되는 건데.]

So how many do I have to eat?

해리

[몰라. 그냥 뿅 갈 때까지 먹어.]

I don't know. Keep eating them 'til you're high I
guess.

둘은 그 맛이 없는 브라우니를 뜯어먹기 시작한다.

해리 (CONT'D)

[내 생애 최악의 브라우니다.]

This is the worst tasting brownie ever.

동현

[진짜 더는 못 먹겠다.]

I'm not sure how much of this I can actually eat.

해리

[그냥... 좀 더 먹어봐.]

Just... try and eat a bit more...

둘은 꾸역꾸역 입에 처넣는다.

동현

[아 몰라, 야... 진짜 맛없다.]

I don't know, man... this is really terrible.

해리가 갑자기 뛰어오른다.

해리

[잠만.]

Hold on.

해리가 4L통의 초콜릿 아이스크림을 꺼내온다.

해리 (CONT'D)

[좋아, 이거야!]

Oh yeah, baby!

해리가 믹서기에 아이스크림 무더기와 브라우니 몇 조각을
넣는다. 동현을 바라본다;

해리 (CONT'D)

[더?]

More?

동현

[아이스크림이 너무 많은데...]

That's a lot of ice cream...

해리가 브라우니를 더 집어 넣는다.

해리

[더?]

More?

동현이 갸우뚱한다.

　　해리 (CONT'D)
　　[시팔.]
　　Fuck it.

해리가 나머지 브라우니와 우유를 쏟아붓고 갈아 버린다.
갈아 버린 밀크셰이크를 잔에 따르고 생크림을 얹은 다음, 둘이
단번에 마신다.

　　해리 (CONT'D)
　　[크으으으!]
　　Boom shakalaka!

---

50. 병원 대기실, 낮

소영이 무심코 캐나다 잡지들을 넘겨본다.

　　간호사
　　[김소영 님?]

Kim So-young?

소영
[네.]
Yes.

소영이 일어난다.

소영 (CONT'D)
[안녕하세요.]
How are you?

간호사
[안녕하세요. 몸은 어떠세요?]
Very good. And yourself?

소영
[괜찮아요. 고마워요.]
I'm fine. Thank you.

51. 병원 진료실, 얼마 후

소영이 공책과 펜, 영한사전을 품에 안고 어떤 중요한 말도 놓치지
않도록 **의사**(남성, 40대) 맞은편에 앉아 마음의 준비를 하고
있다.

> 의사
> [이런 말씀을 드리기 죄송합니다만ᅳ소영 씨는 췌장암 4기입니다.
> 최악의 상황이에요.]
> There is no easy way to tell you this, Miss Kimᅳ
> you have stage 4 pancreatic cancer. This is what
> we were most concerned of.

> 소영
> [네...?]
> What...?

의사가 CT 사진을 가리킨다;

> 의사
> [이 사진을 보시면 암이 췌장에서 간이랑 폐까지 옮겨갔어요.]

The CT scans have revealed that you have
cancer in your pancreas which has now spread
to your liver and your lungs.

소영
[다시 한번... 음... 천천히 말씀해 주시겠어요?]
Can you say... uh... can you speak slower?

의사
[췌장에 암이 있습니다. 또 이게 간이랑 폐에 퍼졌어요.]
You have cancer in the pancreas. And it's spread
to your liver and to your lungs.

소영
[제가 암이라고요?]
I have cancer?

의사
[네.]
Yes.

소영

[그럴 리가요... 전 그냥... 허리가 아픈 건데요.]

I don't understand... I... I just have back
problems...

의사

[이쪽 췌장 끝에 암이 생겨서 척추를 누르고 있어요— 그래서 허리랑
복부가 아픈...]

You have a tumor here at the tip of your
pancreas which is pushing into your spine
— that's what's been causing the back and
abdominal—

소영

[잠시만요, pan...?]

Sorry, pan...?

의사

[Pancreas(췌장)이요.]

Pancreas.

소영

[스펠링 좀 가르쳐주실래요? P-a-?]

Can you spell that? P-a-?

의사

P-a-n-c-r-e-a-s.

소영이 노트에 적고 사전을 찾아본다.

의사 (CONT'D)

[췌장은 여기 배 뒤쪽에 있고 호르몬이랑 효소를 만들어 내서 음식을
소화하는 걸 도와주거든요.]

It's a large gland that's tucked behind your
stomach, which produces something called
enzymes and hormones that help break down food.

소영이 사전 정의를 읽는다...

소영

[네... 네...]

Okay... okay...

의사

[췌장암도 문제지만, 진짜 문제는, 음, 온몸에 퍼진 암세포입니다.]

Now, pancreatic cancer alone is one thing, but
the problem here, Miss Kim, the problem is that
it's spread to other areas in your body.

소영

[퍼져요?]

Spread?

의사

[네. 간이랑 폐까지.]

Yes, to your liver and lungs.

소영이 받아 적는다.

의사 (CONT'D)

[췌장암은 보통 처음에는 증상이 없어요. 주로 환자들이 전부터 지니고
있지만 그걸 알아차리지 못합니다.]

This is a common thing that occurs with
pancreatic cancer as there are no obvious

symptoms initially. It's likely that you've had
this cancer for quite some time, but just didn't
know it.

소영
[어떻게 해야 돼요?]
So, what do I do?

의사
[음, 치료를 해서 좀 더 목숨을 늘리고 편안하게 할 수도 있지만...]
Well, there are treatments that can help prolong
and improve your quality of life—

소영
[약물치료요?]
Chemotherapy?

의사
[네, 약물치료도 방법이고요. 근데 상황이 정말 안 좋다는 것을
아셔야 해요. 치료를 아무리 한다고 해도 고통을 덜어주는 것뿐이고요,
이 암을 치료할 수는 없습니다.]

Yes, chemotherapy is one. But, Miss Kim, you...
you must understand the severity of your
situation. Although we can provide treatments
and medication to ease the pain and discomfort,
we can't cure you of cancer.

소영
[무슨 말이에요?]
What does that mean?

의사
[지금 말기 암입니다.]
This is terminal.

소영
[말기요? T-e-?]
Terminal? T-e-?

소영이 사전을 찾아보기 시작한다.

의사

[이 병으로 돌아가실 겁니다.]

You will die from this.

소영이 얼어붙는다.

소영

[돌아가셔요? 나요? 죽는다고요?]

Die? Me? I will die?

의사

[그렇습니다.]

Unfortunately, yes.

소영

[언제요? 시간이 얼마나 있죠?]

When? How much time?

의사

[정확한 기간은 말씀 못 드리지만...]

I can't give you an exact time, but...

소영

[대충 얼마나요?]

About how much?

의사

[세 달에서 여섯 달 정도... 가능하면...]

...three to six months... possibly—

소영

[세 달에서 여섯...?]

Three to six m...?

의사

[그래도 아직 젊고 건강하시니깐요, 조금 더 사실 수도 있어요.]

But, because you're still young and fairly
healthy otherwise, it's possible you could live
longer.

소영

[아냐... 아냐... 아마 잘 못 보신 거겠죠. 안돼... 난... 아들이 있다고요.]

No... no... maybe, you made a mistake. I'm... I

196

can't... I have a son...

의사

[죄송합니다. 힘든 일이란 걸 압니다.]

I'm sorry. I know this is a lot to take in.

소영이 충격을 받고 말문이 막힌다.

의사 (CONT'D)

[보살펴 줄 가족이나 친척분들이 계신가요?]

Do you have any family? Any relatives who can
care for you?

여자의 신음소리가 들려온다...

---

52. 해리의 집 거실, 같은 시각

오래된 80년대 포르노가 틀어져 있다.

해리와 동현이 소파에 늘어앉아 마지막 브라우니 밀크셰이크를

비우며 낄낄대고 있다.

해리
[그래서 그냥 집어넣을라고 했거든, 엉, 그냥 맨살로. 그니깐 걔가
그러는 거야, "콘돔 써야 돼, 콘돔 써야 돼…" 그래서 내가, "썅년아
닥쳐…"]
So I try to just slide it in her real quick, y'know
what I mean, just like raw-dog it. But then she's
all like, "You gotta use a condom, you gotta use
a condom…" so I was like, "Bitch, shut the fuck
up…"

동현
[니가 그랬다고?]
You said that?

해리
[그렇게는 말 안 하고, 그냥 "뭐가, 콘돔 끼든지 말든지 할게…" 그래서
낄라 하는데, 걔가 콘돔을 뺏어가더니 입으로 요렇게…]
(입으로 ㅇ모양을 내며)
[내 거에 이렇게 껴 넣는 거야!]

Not in those exact words, but basically. I was just like, "Whatever, I'll use a condom, I guess...". So, I go to slap one on, right? But then, she takes it from me and holds it around her lips like this...

(making an O with his mouth)

...and slides it down my D! She put the condom on with her mouth!

동현

[완전 마술사네.]

That's like a magic trick.

해리

[그래서 걔 위로 올라가서 바로 했지, 알지? 죽여줬지 그냥... 앙!앙!앙! 그러더니 걔가 그만하라고 하더라. 응? 내 께 너무 매웠나 봐. 그리고 콘돔을 빼더니 밑으로 가서...]

(격렬한 구강성교를 흉내 낸다.)

[...죽인다! 애가 어떻게 빠는 건지 잘 알더라. 완전히.]

So, I get on top of her and I'm just like fucking, you know? Just like, fucking the shit out of her... UH! UH! UH! But then after a while, she asked me to stop, right? I guess it was like too much dick for her. So she rips the condom off and starts going down on me all like...

(miming an aggressive blowjob)

...OH MY GAWD! This bitch knew how to suck a dick, for real, yo!

동현

[죽이네.]

Damn.

해리가 불편한 듯 배를 어루만진다.

해리

[어...]

(그리고)

[뭔가 느낌이 오냐?]

Ugh...

(then)

Hey, you feel anything yet?

동현

[브라우니 먹고?]

Like, from the brownies?

해리

[엉.]

Yeah.

동현

[별로. 안 와. 넌?]

Not really. No. You?

해리

[뭐 없네.]

Nothing.

해리가 주방으로 가서 믹서기를 가지고 남은 것을 핥아 먹으며
다시 돌아온다.

해리 (CONT'D)

[아씨, 그냥 밀크셰이크에 넣지 말걸. 아마 차가워지면 효과가 없어지는

그런 게 있나 봐.]

Fuck, maybe we shouldn't have put them in milkshakes. Like, I wonder if they just like lose their potency at a certain temperature. Y'know what I mean?

동현

[아마도. 그리고 맛이 존나 오래된 것 같던데.]

Maybe. They also tasted hella old.

해리

[완전. 대마초 브라우니가 유통기한이 있나?]

True. Do pot brownies have expiration dates?

동현

[있어야지.]

(전환)

[야,너 그... 가족관계도 했냐?]

They must.

(beat)

Hey, have you done that... that family tree thing

yet?

해리
[형이 몇 년 전에 한 거 있는 거 같아서 그거 쓸라고. 발표할 때는 뻥치고.]
I think my brother actually has one made from
a few years ago so I'll just probably use that.
Bullshit some stories to go with it.

동현
[난 옛날 사진들 좀 봤는데... 나—]
I started looking through some old photos and
stuff and—

해리
(배를 감싸며)
[윽...!]
Ugh...!

동현
[왜 그래?]
You alright?

해리

[어. 아... 아파... 시팔.]

Yeah. Ughhhh...

동현

[뭐 잘못 먹었냐?]

D'you eat something bad?

해리

[나 유제품 먹을 때 가끔 이래.]

I get like this sometimes if I have milk products.

동현

[그래? 맨날 아이스크림 먹는 거 내가 봤는데.]

I see you eat ice cream all the time.

해리

[그러고 팬티에 똥 싸지.]

(포르노 영화를 돌려가며)

[아, 이 부분 역겨워서 싫어. 남정네 뒷부랄만 보이고. 니가 또 좋아하면
모를까...]

Yeah, and I shit my pants all the time.

(re: the porno movie)

Ew this part's gross. All you see's the back of
the guy's nuts. Unless you're into this...?

동현

[싫다.]

No thanks.

해리

[게이 새끼.]

Fag.

해리 (CONT'D)

[아 맞다. 오늘 애슐리가 탱크탑 입고 온 거 봤냐? 와 씨. 걔 가슴 진짜
죽이더라. 완전... 공작시간에 화장실 가서 딸딸이 치고 왔잖아. 계속
생각나더라.]

Dude, d'you see that little like tank top thing
Ashley was wearing today? Oh mommy. That
girl got some nice titties, yo. Like... fuuuck. I had
to go tug one off in the toilet stall during wood

work. No joke.

해리가 비디오 기계로 가서 "97년 NBA 결승"이라 써 있는 테이프를 꺼내고 "98년 NBA 결승"이라 써 있는 테이프를 집어넣는다.

해리 (CONT'D)

[너 언제 남자 돼서 데이트 신청이라도 해볼래? 너는 진짜로 파티에서 걔를 꼬셔야 돼.]

When you gonna grow some balls and finally ask her out?

(then)

You should totally try and hook up with her at the party. For real.

동현이 무시한다.

해리 (CONT'D)

[뭐라고? 난 니가 걔 좋아하는 줄 알았지.]

What? I thought you were like in love with her.

동현

[완전 꼬마 때나 그랬지.]

Like a million years ago.

해리

[저번 주에도 그랬을걸.]

More like a week ago.

동현

[뭔 말이야?]

What are you talking about?

해리

[니가 맨날 저기 앉아서 애슐리 보고 니 작은 고추가 톡 튀어나오는 거
내가 다 봤는데.]

I fuckin' see you sittin' there all the time staring
at her with your little boner.

해리가 작은 고추로 자위하는 모습을 흉내 낸다...

해리 (CONT'D)

[아 애슐리... 사랑해... 엄청 많이... 결혼하고 내 고추를 너한테 넣고 싶어...]

Oh Ashley... I love you... I love you so much... I want to marry you and put my dick inside you...

동현

[넌 진짜 병신이야.]

You're such an idiot.

그러자, 갑자기 해리가 배를 움켜잡고 매우 고통스러워한다.

해리

[아아 시팔...]

UUUUGH FUCK...

동현

[괜찮냐?]

You alright?

동현의 얼굴이 점차 처진다...

해리가 동현 쪽으로 방귀를 크게 뀌고는 박장대소를 한다.

> 해리
> [아오. 나 똥 좀 지린 거 같아.]
> Uh oh. I think I might've shit myself a little.

해리가 조심히 화장실로 천천히 간다.

> 동현
> [우아... 야... 그... 브라우니 약발이 오는 것 같은데. 와... 너도
> 그러냐?]
> Whoa... dude... I think... I think the brownies
> might be starting to... oh fuck.
> (then)
> Yo, you... you feelin' it?

해리가 화장실에서 혼자 킥킥대는 소리가 들려온다. 동현이 웃기
시작한다... 그리고—
자동차가 멈추는 소리가 들린다. 동현이 창밖을 살짝 보니 해리의
형인 **샘**과 그의 친구 **트로이**가(둘 다 19살) 개조된 92 혼다
어코드에서 내리는 모습이 보인다.

동현 (CONT'D)

[아 안돼 안돼 안돼...]

Oh no no no no...

동현이 급히 TV를 끄고 VHS 테이프를 꺼낸다... 현관문이
열리고— 두 사내가 들어온다.

샘

[...꺼라라 그래. 난 콘돔 안 써, 나 누군지 알잖아.]

...fuck that. I was just rawdoggin' it, you know
how I do.

...테이프를 어찌할지 몰라, 동현은 그냥 바지춤에 쑤셔 넣는다.

동현

[안녕하세요.]

Hey Sam.

샘은 거실 중앙에 우두커니 서서 최대한 평범하게 보이려고 하는
동현을 바라본다.

샘

[뭘 멀대같이 서 있어, 변태 새끼야.]

Why you just standin' there, you weirdo?

동현

[모르겠어요.]

I don't know.

샘

[약에 쩔었냐?]

You fuckin' ripped right now?

동현

[아뇨.]

No.

샘

[해리 어딨어?]

Where's Harry?

동현

[저기... 화장실에요. 아마 똥 싸고—]

In the... he's in the bathroom. I think he's taking
a—

샘이 동현을 지나쳐 화장실 문을 걷어찬다.

샘

[빨랑 해, 오줌 마려!]

Hurry up, I gotta piss!

샘과 트로이가 샘의 방으로 들어간다. 동현이 조용하고 빠르게
짐을 챙긴다.

샘 (O.C.) (CONT'D)

[이 미친 새끼들이!!!]

You little cunts!!!

샘이 날뛰면서 방에서 박차고 나온다.

샘 (CONT'D)

[야, 라이스보이! 니네가 내 브라우니 다 먹었냐?!]

Hey, riceboy! You and Harry eat all my
brownies?!

동현

[어...어...]

Uh... uh...

샘

[니넨 시발 뒈졌다!]

You two are fucking dead!

샘이 화장실 문을 쾅 하고 세게 연다.

샘 (CONT'D)

[해리! 이 미친 또라이 같은 병신 새끼야, 숨지 말고 내 앞으로 당장
튀어나와!]

Harry! You little bitch-ass-pussy-faggot, stop
hiding and get the fuck out here right now!

213

해리 (O.C.)

[똥 싸고 있어!]

I'm shitting!

동현이 도망가려고 하지만... 트로이가 알아차린다;

트로이

[야, 저 아시아 애 도망간다.]

Hey, the Asian kid's
leaving.

샘

[얼굴에다 한 방 날려줄 테니까!
내 브라우니 다 어디 갔어!]

I'm gonna smash your
fucking face in! What
the fuck did you do with
all my brownies?!

해리 (O.C.)

[난 뭔 말인지 모른다고, 병신아!]

I don't know what
you're talking about,
you spaz!

샘 (CONT'D)

[그리고 내 NBA 비디오는 다 어디
갔어 시팔!]

And where the fuck are
all my NBA videos?!

트로이

[샘!]

Sam!

샘

[뭐?!]

What?!

트로이

[저 아시아 애가 도망간다고.]

The little Asian kid's sneaking away.

동현이 재빠르게 문밖으로 도망간다.

샘

[일로 와, 이 짱깨 새끼야!]

Get back here, you little chink fuck!

---

53. 해리의 집, 계속

동현은 VHS 테이프를 손에 든 채로 냅다 도망간다.

샘 (O.C.)

[넌 뒤졌어, 라이스보이! 넌 뒤졌어!]

You're fuckin' dead, riceboy! You're fuckin'
dead!

동현이 죽을 듯이 달릴수록 샘의 목소리가 울려 퍼진다.

---

54. 숲, 밤

숲속 외딴곳에서, 아직도 약에 취해 헤롱거리는 동현은 맨손으로
땅을 파서 포르노 테이프들을 묻는다.

카메라가 멀리 뒤로 빠진다.

잠시 후...

동현은 돌연히 멈추고 카메라를 바라본다. 정지.

동현
[누구세요...?]
Hello...?

카메라가 천천히 들어온다...
동현이 박차고 일어서 도망간다.

---

55. 소영의 집, 밤

미선
불쌍한 인간아... 어떡해야 되냐? 동현이는, 알고 있어?

소영
아직 몰라.

미선
사이먼은?

소영이 고개를 젓는다.

미선 (CONT'D)

한국에 가서, 뭐라 하는지 들어보는 건 어때? 어떻게 알아?
더 좋은 치료법이 있을지. 부산에 있는 사촌 동생이 의사랑
결혼했는데, 걔네들이 어떻게 해줄 수 있는지 좀 물어볼게.

소영

미선아, 오픈카 타본 적 있어?

미선

엥? 갑자기 무슨 말이야?

소영

오픈카. 스포츠카 같은 거.

미선

내가 어떻게 그런 걸 타봐.

소영

어릴 때 봤던 외국영화들 중에, 여자들이 노란 머리를
바람에 휘날리면서 오픈카를 타고 다니던 장면들이 있었어.
나는 그 모습이 너무 멋있는 거야. 그래서 내가 캐나다 이민

오면, 나도 꼭 그 배우들처럼 머리카락을 바람에 휘날리면서
오픈카를 탈 거라고 다짐했었어.

미선
한국인 머리카락은 너무 굵어서, 우리는 이렇게 부풀어.

소영
그렇지. 그래도...

미선
동현이는 왜 이렇게 안 와, 벌써 몇 신데...

소영
그냥... 삶이 너무 빨리 지나가.

---

56. 숲, 얼마 후

동현이 어둠을 뚫고 텅 빈 들판을 달려간다.

57. 한국-어느 건물 옥상, 낮 (꿈)

난간에 서 있는 한 젊은 사내 (원식)의 맨발을 카메라가 근접
촬영한다.

(오로지) 지저귀는 새소리만이 멀리서 들려온다.

원식의 얼굴에 카메라가 클로즈업한다. 눈은 감고, 고개를
까닥까닥하며, 새소리를 듣고 있다. 그는 환자복을 입고 있다.

소영의 얼굴을 클로즈업한다. 부쩍 어려 보이는 소영은 겁에 질린
채 화면 밖에 있는 원식을 부른다.

> 소영
> (무음으로)
> 원식 씨!

원식이 하늘을 올려다보자, 원식의 얼굴에 빗방울이 떨어지기
시작한다...

원식이 천천히 고개를 돌려 어깨를 본다...

소영이 아기 동현을 감싸 안아 눈과 귀를 가려준다.

　　소영 (CONT'D)
　　(무음으로)
　　원식 씨...

소영의 눈에는 공포와 절망이 가득 찼고, 이를 카메라가
잡는다.

시간이 느려진다...

　　소영 (CONT'D)
　　(무음으로)
　　제발.

　　원식
　　새들이 우는 소리 들어봐.

원식이 웃는다.

그리곤 빌딩 아래로 몸을 던진다.

소영은 아기를 위해, 있는 힘을 다해 비명을 참는다.

---

58. 소영의 집 소영의 방, 아침

소영이 잠에서 깬다.

---

59. 소영의 집 소영의 방, 얼마 후

소영은 멍하니 빗질을 하고 있다.

소영이 옷을 갈아입는다. 몸은 말랐고, 양말을 갈아 신으니
양말에 난 구멍으로 엄지발가락이 튀어나온다.

---

60. 소영의 집 동현의 방, 잠시 후

소영이 동현의 자는 모습을 지켜본다. 동현의 볼을 살며시 만지며
그를 깨운다.

소영
동현아. 동현아.

동현
(뒤척인다.)

소영
같이 아침 먹자. 오랜만에 진짜 맛있는 아침 한번 먹어보자.

동현
졸려.

---

61. 소영의 집, 얼마 후

소영이 아주 멋진 한식 아침 식사를 차렸다. 잠에서 덜 깬 동현은
의자에 앉아 깨작깨작 밥을 먹는다.

소영
많이 먹어. 엄마가 미역국 정성스럽게 끓였어. 비싼 해물도
잔뜩 넣고.

(사이)

그 셔츠 어디서 났어? 그런 거 본 적 없는 거 같은데.

동현

[입은 지 좀 됐어.]

I've had it for a while.

소영

진짜? 처음 본 거 같은데.

소영이 밥을 먹는 동현을 바라본다. 눈물이 나지만... 황급히
감춘다.

동현

엄마, 왜 그래?

소영

오늘 밥이 너무 잘됐다.

(사이)

동현아, 뭐 좀 물어볼게, 사이먼 어떻게 생각해?

동현

[사이먼?]

Simon...?

소영

솔직히 얘기해도 괜찮아. 그냥 알고 싶어서.

동현

[그냥... 괜찮아. 모르겠어.]

He's alright, I guess. I don't know.

소영

있잖아, 만약 우리 셋이 말야, 한 가족이 되면 어떨 거 같아?

동현

[...]

소영

사이먼이 엄마한테 프러포즈했는데, 아직 대답은 안 했어.
너한테 먼저 얘기하고 싶어서. 어떻게 생각해?

동현이 아무 말도 하지 않는다.

소영 (CONT'D)
가끔 사이먼이 부담스러운 건 나도 알아. 그치만 좋은
사람이야. 진짜. 마음씨도 좋고. 그리고 입양아로 자라서
우리처럼 힘들었던 거 같아—입양아가 뭔지 알지?

동현
[입양.]
Like adoption.

소영
응. 친부모가 누군지도 모르고, 백인 가족 속에서 주변에
한국 사람 한 명도 없이 엄청 외로웠을 거야. 엄마 생각에는
우린 아주 좋은 가족이 될 거야. 그리고 동현이가 나중에
더 크고 나면 사이먼 같은 사람이 좋은 father figure가
돼줄 수 있을 거 같아. What do you think?

동현
[몰라.]
I don't know.

소영
뭘 모르겠는데?

(사이)

아니면... 아니면 사이면 그만 만났으면 좋겠어?

동현
[그렇겐 말 안 했어.]

I never said that.

소영
그런데, 그렇게 생각해?

동현
[상관없어. 마음대로 해. 엄마가 행복하도록.]

I don't care, just do whatever. Do whatever
makes you happy.

소영
[니가 행복하면 엄마도 행복해.]

I'm happy if you're happy.

(사이)

진심으로, 니가 그만 만나라고 하면 그만 만날 테니까,
솔직히 얘기해줘 봐.

동현
[왜 나한테 이런 걸 물어봐? 난 원하는 거 없다고. 엄마가 그만 보고
싶으면 그만 보는 거고, 그 사람이 좋아서 결혼하고 싶으면 결혼하는
거고.]
Why are you putting this on me? I don't want
anything. If you want to stop seeing him then
stop seeing him, or if you want to marry him, go
ahead and marry him, I don't care.

소영
너는 왜 무슨 얘기를 할 때마다 화내고 짜증내니? 중요한
이야기 좀 하고 싶어서 그런데—

동현이 일어난다;

동현
잘 먹었습니다.

228

소영
얘기 안 끝났어. 와서 앉아.

동현
학교 갈 준비해야 돼.

소영
데려다줄 테니까, 와서 앉아.

동현
친구랑 같이 걸어갈 거야.

소영
친구 누구? 같이 데려다줄게.

동현이 화장실로 향한다.

소영 (CONT'D)
일로 와. 얘기 중이잖아. 와서 밥 다 먹고 다시―

동현
더 먹기 싫어. 배고프지도 않은데, 엄마가―

소영
말대꾸하지 말고 엄마 말 좀 들어! 한 번이라도!

동현이 반항하듯이 자리에 앉아 남은 밥을 입에 퍼 넣고 얼른 씹은 다음 물을 한 모금 들이켜고 삼킨다.

동현
[이제 이 닦으러 가도 되지?]
Can I go brush my teeth now?

소영
싸가지없는 놈. 내가 피땀 흘려서 일해 키웠더니... 그래, 가! 친구랑 그렇게 가고 싶으면 가!

소영이 동현을 후려친다...

소영 (CONT'D)   동현
빨리 가! 나가 이 새끼야!   그만 때려.

230

소영이 계속 그를 밀고 때린다.

    동현 (CONT'D)
    그만 때려! 그만 때리라고! 아이씨...

소영이 멈춘다. 동현이 자기 방으로 박차고 들어간다.

얼마 후—

동현이 가방을 메고 나온다...

    소영
    동현아...

...그리곤 신발을 신는다.

    소영 (CONT'D)
    동현아, 할 말이 있어... 동현아!

동현이 멈춘다.

소영 (CONT'D)
...엄마 아퍼. 병 걸렸대.

동현
무슨 병인데?

소영
췌장암이래. [암이야 췌장에.]
Cancer. In pancreas.

동현
[심각한 거야?]
Is it serious?

소영
[의사가... 다른 데로 퍼졌대.]
It's spread to different parts of my body... the
doctor said.

동현
[무슨 말이야?]

So, what does that mean?

소영이 미안한 눈빛으로 동현을 바라본다. 무겁고 긴 침묵이
흐른다.

---

62. 어느 거리, 이후

동현이 눈물을 머금으며 거리를 걸어간다. 자신의 얼굴을 때리며
솟아나는 감정들을 억지로 누른다.

---

63. 소영의 집, 같은 시각

소영이 밥그릇을 바라보며 홀로 앉아 있다. 그리고는 식탁의
끝까지 살며시 밀어본다...

결국 밥그릇은 떨어져 와장창 깨지고 만다.

소영은 바닥에 흩어진 깨진 그릇과 밥을 치운다.

64. 고등학교 교실, 낮

한 한국인 여성 학생이 사회 교과서에 나온 유럽 정착민에 관한 글을 읽고 있다.

잭슨과 에거스는 작은 소리로 그녀를 따라 하면서 킥킥댄다. 동현은 그들을 짜증난다는 듯 쳐다본다.

한국인 여성 학생이 그만 읽는다.

> 머레이 선생님
> [잘했어. 애슐리, 다음부터 읽어볼래?]
> Great, thank you. Ashley, why don't you read us the next paragraph?

애슐리가 읽기 시작한다.

잭슨이 종이로 작은 공을 만든다. 동현은 잭슨이 무엇을 할지 정확히 알고 있다.

동현

[하지 마.]

Don't.

잭슨이 빨대를 꺼냈다.

동현 (CONT'D)

[하지 마.]

Seriously, don't.

잭슨이 빨대로 침에 젖은 종이공을 불자, 한국인 여성 학생의
얼굴로 날아가 붙는다―그녀가 반응한다.

머레이 선생님

[뭔 일이야, 거기?]

What's going on over there?

동현이 교과서를 들고 뛰어들어 잭슨의 얼굴을 후려친다.

머레이 선생님 (CONT'D)

[데이비드, 그만해!]

David, stop that!

반 학생들이 놀란다.

---

65.   생선 공장, 낮

소영은 일을 시작하지만 영혼이 날아간 듯 멍하니 손만
움직인다.

미선은 걱정하며 바라본다.

소영이 갑자기 멈춘 후, 주변을 둘러보고 생각하더니... 차분히
빠져나온다.

일꾼들은 서로를 바라보며 당황해한다.

---

66.   해리의 집 해리의 방, 이후

해리가 피자를 먹으며 헐렁한 티셔츠를 다림질하고 있다. 동현도

옆에 앉아 피자를 먹고 있다.

해리
[그래서, 며칠 동안인데?]
So, how many days you get?

동현
[5일.]
Five.

해리
[망했네. 니네 엄마가 엄청 열받아 하겠다.]
Shit. Your mom gonna be pissed or what?

전환.

동현
[나 여기 계속 있어도 되냐? 걸어서 집에 갔다 오기 싫어.]
Is it cool if I just stay here? I don't wanna walk
all the way home and walk all the way back.

237

해리

[그래.]

Yeah, of course.

해리가 깔끔하게 다린 티셔츠를 입는다.

해리 (CONT'D)

[넌 뭘 입을래?]

What are you gonna wear?

동현

[몰라. 그냥, 이거.]

I don't know. Just this, I guess.

해리는 향수를 몸에 샤워하듯 뿌리며 얘기한다.

해리

[원하면 빌려 가도 돼.]

You can borrow something if you want.

동현

[고맙다.]

Thanks.

동현이 입고 있는 옷을 벗는다.

동현 (CONT'D)

[이 옷 도로 가져갈래?]

You want this back?

해리

[아니 너 가져. 그런 옷 새거 몇 개 더 있어.]

Nah, you can keep it. I got a couple new shirts
just like that.

동현이 해리의 옷장을 들여다본다.

---

67. 생선 공장 선착장, 낮

사이먼이 미션과 멀리서 이야기하고 있다. (들리지 않는다.)

68. 어느 강가, 해 질 녘

소영이 강길을 따라 걸으며 아이스크림을 먹고 있다.

소영은 벤치에 앉아 해가 지는 모습을 바라본다. **개** 한 마리가
그녀에게 다가오자, 소영이 쓰다듬는다...

> 소영
> 어머, 너무 귀엽다.

개 주인이 소리친다;

> 개주인
> [빨리 와! 가자!]
> Come on! Let's go!

개가 주인과 함께 떠나간다.

---

69. 해리의 집, 밤

멋진 음악이 흘러나온다. 집에는 파티를 즐기는 십 대들로 꽉 차
있다.

동현과 해리는 다른 친구들과 함께 값싼 술을 들이켜고 있다.
애슐리가 린제이, 스테프와 함께 들어오자 해리가 포옹으로
맞이한다.

> 해리
> [왔어 내 이쁜이들?! 우리 궁전에 잘 왔어! 뭘 마실래? 맥주, 보드카,
> 진, 위스키, 쿨러, 다 있어!]
> What's up my beautiful feminitas?! Welcome
> to mi casa! What do you want to drink? Beer,
> vodka, gin, whiskey, coolers, I got 'em all!

동현이 한 잔을 더 따라 들이켠다.

---

70. 소영의 집, 같은 시각

똑똑똑.
똑똑똑똑.

소영이 현관문을 연다.

사이먼
[집에 있네요.]
Hi. You're home.

소영
[왔어요?]
Hi.

사이먼
[응답기 들었어요? 전화했었는데.]
Did you get my messages? I've been calling.

소영
[네. 미안해요. 들어와요.]
Yes. Sorry, I was going to call... Come inside.

사이먼이 들어간다.

소영이 언뜻 봐도 취해있다.

사이먼

[왜 그래요? 무슨 일 있어요?]

What's going on? Is everything alright?

소영

[뭐 좀 마실래요? 저녁은 먹었어요?]

Are you hungry? Have you had dinner?

사이먼

[미선 씨랑 얘기했는데요, 소영 씨 오늘 일찍 퇴근했다던데.]

I spoke with Mi-sun, she said you left work
early.

소영

[네. 바람 좀 쐬고 싶었어요.]

Yes. I needed some air.

소영이 가서 보드카 한 잔을 더 따른다.

사이먼

[내가 지난번에 했던 말 때문에 그래요? 내 말은, 그러니까, 그러고 싶지

않으면, 안 그래도 돼요.]

Does this have anything to do with what I said
the other night? Cos I mean, listen, if that's not
something you're ready for or even want, that's
okay.

소영

[아뇨, 아뇨. 그런 게...]

No, no. It's not...

잠깐의 정적;

사이먼	소영 (CONT'D)
[그러면–]	[제 생각엔–]
Then–	I think–

사이먼 (CONT'D)

[아, 미안해요. 말해요. 뭐라고 하려고 했어요?]

No, sorry. Go ahead. Say what you were gonna
say.

소영
[나는 보드카 조금 마시고 있어요. 마실래요?]
I'm having a little bit of vodka. Would you like?

사이먼
[음... 좋죠. 고마워요.]
Um... sure. Thanks.

소영이 보드카 두 잔을 따른다. 소영이 사이먼에게 술잔을 건넨다.

소영
[건배.]
Gun-bae.

둘은 술을 마신다.

소영이 부기 쪽으로 향한다.

소영 (CONT'D)
부기야, 밥 먹어.
(전환)

[우리가 왜 부기라고 지었는지 얘기해 줬어요?]

Have I told you why we call him Boogie?

사이먼

[아뇨.]

No.

소영

[거북이가 한국말로 거-부-기 거든요. 데이비드가 어릴 때 부기라고
불렀었거든요. 그래서 항상 부기라고 불러요.]

Turtle in Korean is guh-boo-ghee. And when
David was little, he could only say boo-ghee.
Boo-ghee. So, we always call him Boogie.

잠시 후;

소영 (CONT'D)

[오늘 생각해봤는데... 혹시 고려장이라고 알아요? 들어봤어요?]

I was thinking today about... do you know about
goryeojang? Have you heard?

사이먼

[고려...? 아뇨. 소영 씨. 무슨 일인지 좀 말해줄래요?]

Goryeo... no. So-young, please. Can you please
tell me what's going on?

소영

[말해주려고 하는 거예요. 설명해 줄게요.]

I'm trying to tell you. I'm trying to explain.

사이먼

[네.]

Okay.

소영

[어려운 얘기예요.]

It's difficult.

사이먼

[네. 미안해요.]

Okay. Sorry.

소영

[옛날이야기인데, 부모가 늙으면 아들이 그 부모를 데리고 산으로
올라가서 죽도록 내버려 두고 온다는 내용이에요.]

There are stories from long time ago, when a
person became too old, the son would carry that
person to the top of a mountain and leave them
there to die. And that was called goryeojang.

사이먼

[잠시만요, 진짜예요? 그런 일이 진짜 있었어요? 사람들이 진짜
그랬다고요?]

Wait, is this real? Is this a real thing? Did
people actually do this?

소영

[몰라요. 그냥... 지어낸 이야기일 수도 있죠. 아주 오래된 이야기예요.
나라가 가난하고 먹을 것도 부족할 때예요. 고려장은 자기의 어머니를
죽도록 내버려둬야 했던 아들의 이야기예요. 그래서 아들은 어머니한테
산에 꽃을 보러 가자고 거짓말을 하죠. 어머니는 기뻐서 아들 등에 업혀
아주 먼 길을 떠나요. 하지만 결국 어머니는 아들이 왜 그런지 알게
되죠... 어디로 데려가는지 깨닫게 된 거예요. 하지만 어머니는 아무

248

말도 않고 작은 나뭇가지들을 하나씩 떨어뜨려요, 그냥 나뭇잎 말고...
그 솔...? 솔...?]

I'm not sure. It could be like... folk tale. It's very
old story. From when the country was poor and
there was not enough food for everyone.

(then)

And this story is about a son who lies to his very
old, very sick mom and tells her that they're
going to go look at the flowers in the mountain.
She gets excited and climbs onto his back and
they go. They walk for a very long time through
the mountain and finally the mom realize what
her son is doing... she knows where he's taking
her. But, she doesn't say anything. Instead, she
picks off the branches... the... the little... not
leaves... the... pine—

사이먼
[솔방울요?]
Pine cones?

249

소영

[아뇨. 그... 뭐죠? 솔...?]

No. What is it...? Pine... pine...

사이먼

[솔잎이요?]

Pine needles?

소영

[네. 솔잎이요. 솔잎을 하나씩 집어다가 산에 올라가면서 하나씩
떨어뜨려서 길을 알려주는 거예요. 아들은 그냥 어머니가 미쳤다고
생각하죠. 산의 중턱에 다다라 어머니를 내려놓고는 다시 돌아온다고
하면서 떠나버려요. 아들은 혼자 산을 내려오지만 밤이 너무 어두워
길을 잃어버리고 말죠. 그때 솔잎으로 만들어진 길이 보이는 거예요.
아들은 어머니가 무엇을 했는지 그때 깨달아요. 어머니는 자신이 죽으러
가는 길에도, 온통 아들 걱정뿐이었던 거예요.]

Yes. Pine needles. She pick the pine needles and
she drop them on the ground as they go up the
mountain, creating a trail behind them. The son
doesn't think anything about it, he just thinks
she's old and crazy. Finally, they arrive at the

top and he puts her on the ground, tells her he'll
be right back and leaves.

The son walks back down the mountain by
himself towards his home, but it's now nighttime
and it's too dark for him to see his way back.
Then he sees the trail of pine needles on the
ground which take him back home, and he
realize what his mother was doing for him that
whole time. Even on the way to her death, she
never stopped worrying for her son.

---

71.   해리의 집, 이후

해리가 애슐리의 귓가에 속삭이고... 그녀는 웃는다... 동현이,
술에 잔뜩 취해, 이를 본다...

...그리곤, 일어나 거실에서 펼쳐진 춤판에 참여한다; 십 대들이
서로의 몸을 문질러 가며, 자극적으로 춤을 추고 있다.

동현은 홀로 춤을 춘다... 처음엔 그저 몸을 가볍게 흔든다...

그러더니 주위는 상관 않고 점차 과격하게, 휘두르고, 차고, 쿵쾅거리며 춤을 춘다.

파티를 즐기는 다른 이들이 멀리 떨어져 동현을 외계인을 보듯이 쳐다본다.

---

72.   소영의 집, 같은 시각

사이먼이 소영의 상황을 듣고 허탈해한다.

>사이먼
>[그래요, 그럼. 음... 아무래도 다른 약을 찾아봐야겠어요. 요즘에는
>항암제 말고도 치료법이 다양하니까요. 내 사촌 케이티한테
>물어볼게요. 소아과 의사긴 한데, 주위에 도와줄 만한 사람이 있을
>거예요. 있어야겠죠. 데이비드는 이 사실을 알아요? 얘기했어요?]
>Okay. Okay. Uh... we should definitely look
>into some alternative medicines as well right
>away. There's lots of other treatments out there
>besides chemo nowadays.
>I'll talk to my cousin, Katie—well I mean, she's a

pediatrician, but I'm sure she has some friends
or colleagues who can help. Have you told David
yet? Does he know?

소영
[사이먼한테 미안해요.]
I feel bad for you.

사이먼
[나한테요? 무슨 말이에요? 왜 나한테 미안해요?]
You feel bad for me? What are you talking
about? Why would you feel bad for me?

소영
[재수 없게, 여자를 잘못 골랐잖아요.]
Bad luck. You choose the wrong woman.

사이먼
[그렇게 생각 안 해요.]
(사이)
[소영 씨, 무슨 일이 있어도, 옆에 있을게요. 알겠죠? 소영 씨가 하던

대로 날 밀치고 거부해도 돼요...]

I don't think so.

(beat)

Listen, no matter what happens, I'm here. I'm
not going anywhere. Okay? And sure, you can
try and shut me out or push me away the way
you like to do...

소영

[아니요.]

No.

사이먼

[미안하지만, 난 계속 있을 거예요. 소영 씨 옆에서 계속 있을 거라고요.
그리고 데이비드는 내 아들이었던 것처럼 챙겨줄게요. 약속할게요...]

But, I don't care. I'm staying. Sorry, but I'm not
budging. And I want you to know that I'll care
for David like he was my own. Always. I mean
that.

소영

[사이먼 씨는 정말 좋은 남자예요. 나한테는 참 과분한 사람이에요.]

You're such a nice man. I wish I deserved you.

사이먼

[제발, 그런 말 좀 그만해줄래요?]

God, will you stop saying stuff like that?

소영

[미안해요.]

Sorry.

사이먼

[진짜. 반응이 뭐예요 그게?]

Really. What kind of a response is that?

소영

[미안해요.]

(사이)

[사이먼 씨, 나랑 춤추고 싶어요?]

Sorry.

(beat)

Simon? Do you want to dance with me?

사이먼

[춤추고 싶냐구요?]

Huh? Do I want to dance?

소영

[응.]

Mhm.

소영이 일어나 스테레오에 CD를 튼다.

사이먼

[무슨 말이에요? 지금요?]

What do you mean? Right now?

90년대 초 부드럽고 아름다운 한국 노래가 흘러나온다.

소영

[와요. 와서 춤춰요.]

Come. Come dance with me.

사이먼
[싫어요.]
No.

소영
[제발요.]
Simon, please.

사이먼
[추고 싶지 않아요.]
I don't want to.

소영
[제발. 나 아파요.]
Please. I'm sick.

사이먼
[나 춤출 줄 몰라요.]
I don't know how to dance.

소영

[내가 보여줄게요.]

I'll show you.

사이먼이 포기하듯 다가선다. 둘은 거실 가운데에서 천천히 춤을
춘다. 친밀하고 부드럽게 춤을 춘다.

음악이 흘러나온다;

---

73. 해리의 집 화장실, 같은 시각

동현이 소변을 본다...

...동현은 세면대에서 손을 씻고 거울에 비친 자신을 본다...
그리곤 자신의 모습을 보기 싫은 듯 곧바로 시선을 내린다.

동현이 화장실을 나간다.

---

74. 해리의 집, 계속

동현이 복도를 둘러보고... 해리의 방문을 연다. 해리와 애슐리가
격렬하게 사랑을 나누고 있다.

　　　해리
　　　[야, 문 닫...!]
　　　Hey, close the...!

해리가 동현을 알아차린다.

　　　동현
　　　[미안.]
　　　Sorry.

동현이 문을 닫고 나간다... 해리가 동현을 따라간다.

　　　해리
　　　[야, 기다려.]
　　　Yo, D. Hold up.

...해리가 동현을 붙잡는다.

동현

[뭐?]

What?

해리

[...아 몰라, 그냥 갑자기 저렇게 된 거야.]

(사이)

[화났냐?]

...I don't know, man. It just happened.

(then)

You mad?

동현

[개뿔 상관없어.]

I don't give a shit.

해리

[진짜?]

You sure?

동현

[어. 진짜. 재밌게 해라. 난 가서 술이나 마실래.]

Yeah. Whatever. Have fun. I'm gonna get
another drink.

동현이 부엌으로 가 또 한 잔을 따른다. 동현이 주위에 파티를
즐기는 사람들을 둘러본다―모두 백인이다, 그를 빼고.

그러자, 잭슨과 에거스가 집에 들어와, 바로 동현을 찾아
여기저기 둘러본다... 동현을 발견하고는 한 치 망설임도 없이
성큼성큼 다가가더니, 잭슨이 동현의 얼굴을 후려친다. 둘이 엉겨
붙어 몸싸움을 벌이며 바닥에 나뒹군다. 동현의 옷은 찢어져
바닥에 날린다...

다른 아이들이 모여서 웅성거린다;

다른 아이들

[싸워라! 싸워라! 싸워라!/조져버려!/잭슨, 후려 패줘!]

Fight! Fight! Fight!/Beat his fuckin' ass!/Fuck
him up, Jackson!

...잭슨이 동현을 잔인하게 발로 차고 짓밟는다.

땅바닥에 뒹굴며 계속 맞고 있는 동현의 주위에 아이들이
몰려있다.

그 누구도 싸움을 말리지 않는다.

---

75.   소영의 집, 계속

소영이 사이먼을 올려다보고... 볼에 살며시 뽀뽀를 한다...
그리고 얼굴을 어루만진다.

소영은 이게 마지막이라는 듯이 사이먼을 바라본다.

---

76.   밤하늘

비가 내리기 시작한다.

77. 어느 거리, 밤

조용하고 텅 빈, 거리의 모습들.

---

78. 어느 거리, 밤

멀리서, 웃통이 벗겨진 채 홀로 걸어가는 동현이 보인다.

---

79. 소영의 집, 이후

소영이 현관문 밖에 쭈그려 앉아 동현을 기다리고 있다.
그리고, 소영이 화면 밖에 있는 무언가에 반응한다—

---

80. 소영의 집, 잠시 후

물탱크 안, 작은 섬에 올라앉은 부기는 여전히 슬퍼 보인다.
카메라는 부기를 계속 비추고, 문이 쾅 하고 열리는 소리가 밖에
들려온다;

소영 (O.C)

무슨 일이야? 말해봐. 얼굴이 왜 이래? 뭔 말이라도 해봐!
무슨 일이 있었어?

동현이 우는 소리가 화면 밖에서 들려온다... 동현의 억누르는
슬픔이 고통스러운 울음으로 들려온다...

---

81.   소영의 집 화장실, 얼마 후

소영이 동현의 얼굴을 닦아준다.

---

82.   소영의 집 동현의 방, 이후

동현이 몸을 둥그렇게 말아 자고 있고, 소영은 방을 치운다.
소영이 동현의 책상을 치우는 도중 한국전쟁에 관한 책을
발견하고 펼쳐본다. 그 안에서 소영과 어린 동현의 옛 사진들을
발견한다.

83. 소영의 집 동현의 방, 이후

소영이 동현의 옆에 조용히 누워 콧노래로 자장가를 들려준다.

잠시 후;

> 소영
> 동현아? 동현아?

동현이 천천히 눈을 뜬다.

> 소영 (CONT'D)
> 동현아, 여행 가자. 우리 둘이서. 너 데리고 어떤 사람들 좀
> 소개 시켜주고 싶어.

---

84. 소영의 집, 계속

부기가 자기 섬에서 천천히 내려간다... 그리고는 물속으로
빠진다...

85. 바닷속, 낮

 — 1.85:1 화면비율 —

...거북이가 바닷속을 자유롭게 헤엄친다...

---

86. 한국 강원도 어딘가, 낮

바다가 넓게 펼쳐진다...

...그 뒤로 강원도의 아름다운 산과 사람들의 풍경이 따라온다.

---

87. 논길, 낮

소영과 동현이 커다란 논밭 옆에 흙길을 걷는다.

---

88. 농가, 이후

동현은 한걸음 뒤로 물러선 채 불안해하는 소영과 같이 어느 한 오래된 시골집 마당에 다다랐다. 마당에는 한 무더기의 장작불과 옥외화장실, 시끄럽게 짖는 강아지와 말린 생선들이 있다...

인식(30대, 한국인)이 거친 모습으로, 입에 담배를 문 채 화장실에서 걸어 나온다.—인식은 두 외지인을 본다;

> 인식
> 어쩐 일이요?

> 소영
> 아, 안녕하세요. 혹시 한영철 씨가 지금도 여기 사시나요?

> 인식
> (시끄럽게 짖는 개에게)
> 닥쳐!
> (소영에게)
> 누구신데요.

> 소영
> 아드님이랑 아는 사이였어요.

인식
아드님? 내가 아드님인데요. 원하는 게 뭐예요?

소영
혹시 인식 씨...?

인식
우리가 아는 사이요?

할머니(70대)가 문을 열고 고개를 내민다—그녀의 한쪽 얼굴과 몸이 중풍으로 마비가 됐다. 그녀가 어눌하게 말한다;

할머니
누구 왔냐?

할머니가 소영을 보자... 둘은 서로 바로 알아본다.

소영
안녕하세요, 어머님.

할머니
너... 니가 여기서 뭐 해?

소영
제 아들이에—

할머니
걔가 누구든 관심 없어, 니 다시는 보기 싫다고 내가 했어
안 했어. 나가. 여기서 나가란 말이야!

소영
그러지 마세요, 제발요.

할머니
인식아, 저 사람들 내 집에서 쫓아내 당장.

인식
어머니...

할머니
가! 여기서 나가!

할머니가 몸을 힘겹게 가누며 일어나, 소영을 내쫓으려 불편한
몸을 움직인다. 인식이 할머니가 넘어지지 않도록 달려가
부축한다.

>   할머니 (CONT'D)
>   가! 니 면상 다시는 보고 싶지도 않으니까!

>   인식
>   이러지 마요... 좀 진정해 봐요.

>   동현
>   엄마... 그냥 가자...

그러자, **할아버지**(70대)가 야채 한 봉지를 싸 들고 자전거를 타고
들어온다.

>   할아버지
>   뭔 일이여?
>   (동현과 소영에게)
>   이 사람들은 누구여?

그리고 소영을 본다—

할머니
이 사람들 가라 그래요. 다시는 오지 말라 그러라고!

할아버지
(할머니에게)
진정해.

소영
안녕하세요 아버님. 저 소영이에요. 기억나세요?

할아버지
알지, 알지, 당연히 기억하지. 뭔 일로 여기까지 찾아온
거여?

소영
이렇게 갑자기 찾아와서 시끄럽게 하고 싶진 않았는데요—
얘가 동현이에요. 할머니 할아버지를 만나게 해주고 싶어서
왔어요.
(동현에게)

인사드려.

동현이 고개를 숙여 인사한다.

　　동현
　　안녕하세요.

　　할머니
　　난 니 할머니 아니여. 그러니―

　　할아버지
　　그러지 말어.
　　(동현에게)
　　그래, 많이 컸구나. 이제 몇살인데?

　　동현
　　열다섯살이에요. 한국 나이로는 열여섯.

　　할아버지
　　그렇게 오래됐구만... 안 믿기네. 반갑다. 반가워. 밥 먹었냐?
　　들어와서 뭐 좀 먹어라.

할머니
난 허락 못 해요. 절대로.

할아버지
그만 좀 해. 가족한테 할 말이 따로 있지.

할머니
얘들은 내 가족이 아니여! 가족이라고 하고 싶으면
당신이나 그렇게 해! 난 싫으니깐.

할아버지
씁, 이 여편네가!

할머니는 화가 나 방으로 들어간다.

할아버지 (CONT'D)
너무 나쁘게 생각 말어. 할매가 좀 아프거든.
(사이)
들어와.

소영
아뇨, 괜찮아요. 어머님 더 화나게 하고 싶지 않아요.

할아버지
무슨 소리여. 멀리서 왔는데, 밥 한 끼라도 먹여야지.

인식
그래, 어서 와요. 다시 보니까 너무 반갑네. 참 오랜만이여.
(동현에게)
오호... 내가 조카가 있다니. 니 아부지가 내 형님이었어. 뭐
해, 어서 들어와.

---

89. 농가, 이후

작은 교자상을 두고 바닥에 빽빽이 모여 앉아서, 신선한 야채,
밥, 김치, 고추장 등 간단한 음식들로 식사를 한다. 할머니는
구석에서 홀로 TV를 본다.

할아버지
(할머니에게)

여기 와서 같이 먹지 그래?

할머니
싫어요.

할아버지
이 사람아, 그러지 좀 말어.

할머니가 이를 무시한다. 할아버지는 소주를 한 잔 비운다.

할아버지 (CONT'D)
(동현에게)
한잔 할래?

동현이 허락이 필요한지 엄마를 본다.

소영
그래. 한 잔만.

할아버지
(인식에게)

애 술잔 좀 갖다줘.

인식이 동현에게 재빨리 소주잔을 건넨다.

소영
두 손으로.

동현이 두 손으로 소주잔을 들자 할아버지가 술을 따라준다.

소영 (CONT'D)
할아버지도 한잔 따라드려.

동현이 술을 따라드린다. 둘은 소주를 들이켠다.

할아버지
술 잘 마시네.
(전환)
근데, 니 얼굴은 왜 그런 거여?

동현
아...

소영
실수로 다쳤어요.

할아버지
조심해야지. 잘생긴 얼굴 다쳐서 어떡해.

인식
난 니 얼굴에 상처랑 머리 노란 거 보고 깡패 새낀줄
알았어. 노랑머리는 또 뭐여?

동현
멋있잖아요.

인식
멋있다고...? 그럼 나도 머리 노랗게 해야겠네. 어때?

동현이 그 말을 듣고 미소를 짓는다. 그러자, 할머니가 크게
딸꾹질을 한다.

할아버지
방금 뭐여? 지금 딸꾹질한 거여?

277

할머니가 참으려고 하지만, 또 딸꾹 한다.

인식과 동현이 서로를 바라보며 웃음을 참으려고 용쓴다. 소영이
할머니에게 물을 따라준다...

> 할아버지 (CONT'D)
> 내가 줄게.

할아버지가 잔을 받아 빨대를 넣어 할머니에게 준다.

> 할머니
> 저리 가요. 필요 없어요.

> 할아버지
> 마셔봐.

> 할머니
> 싫다니까요.

할머니가 다시 한번 딸꾹질을 한다.

할아버지
잔소리 그만하고 그냥 마셔.

할머니가 할 수 없이 잔을 받아 빨대로 물을 마신다.

인식
음식 어때요? 차린 건 없는데.

소영
아니 너무 맛있어요. 시골 밥은 항상 맛있는 거 같아요.

인식
다행이네.
(동현에게)
넌 어때? 입에 맞아?

동현
네, 밥이 진짜 맛있어요.

인식
그렇지? 이거 할아버지가 키운 쌀이여.

동현
진짜요?

인식
이거보다 맛있는 밥은 눈 씻고 찾아봐도 없을걸.

할아버지가 밥상으로 돌아온다.

동현
할아버지, 이거 진짜 할아버지가 만든 쌀이에요?

할아버지
그래. 맛있냐?

동현
너무 맛있어요.

할아버지
좋구만. 꽉꽉 많이 먹어.

할머니가 다시 딸꾹질을 한다.

할아버지 (CONT'D)
밥 한 숟가락이라도 한번 삼켜볼래?

---

90. 논, 이후

할아버지와 소영, 동현이 논가를 거닐고, 인식은 그 뒤 길가에 쭈그려 앉아 담배를 피우고 있다.

할아버지
저기서부텀... 저기까지여.

동현
우와.

소영
일하는 게 힘들진 않으세요?

할아버지
견딜만 혀. 아직도 몸이 튼튼하거든.

소영
대단하시네요. 그 연세에도...

할아버지
비결이 뭔 줄 알어? 점심에 막걸리 한잔 들이켜면 오후 동안
술김으로 일하는 거여.

동현
얼마나 오랫동안 이 일 했어요?

할아버지
평생이지. 지금 니보다 더 어렸을 때부터다.

동현
그럼 옛날부터 여기서 계속 사신 거예요?

할아버지
그런 셈이지. 내 아부지가 전쟁 끝나고 산 땅을 나한테
물려준 거지.

동현
할아버지 전쟁 때도 있으셨어요?

할아버지
그지.

동현
군인이셨어요?

할아버지
아니. 그땐 너무 어렸지.

동현
전쟁은 어땠어요? 무서웠어요?

할아버지
당연하지. 엄청 무서웠지.

동현
죽은 사람도 봤어요?

할아버지
궁금한 게 참 많네. 자식아. 그래, 많이 봤지.

셋이 걷는 동안, 동현은 할아버지에게 끊임없이 물어본다.

---

91.   논, 이후

인식이 동현에게 관개시설을 보여주는 동안 소영과 할아버지는
논길 끝 벤치에 나란히 앉아있다.

소영
어머님은 저렇게 된 지 얼마나 되신 거예요?

할아버지
몇 년 됐지.

소영
나아지고는 계세요?

할아버지
잘 모르겠다.
(전환)
동현이는 정말로 잘 키웠네. 혼자서 힘들었을 텐데... 것도
외국에서 말이여.
(전환)
미안하네, 미안해. 너네 둘한테 몹쓸 짓을 한 거여.

소영
다 지나간 일이잖아요.

할아버지
자식을 먼저 떠나보낸다는 것은 참 힘든 일이여. 왜 그놈이
자살했는지 이해를 할 수가 없다. 도움을 청했으면
좋았잖아.

소영
아팠잖아요.
(전환)
아버님 혹시 원식 씨 유골 아직도 가지고 계세요?

할아버지
걔가 죽고 몇 년 뒤에 저 산 높이에다가 묻었어. 집에서
늙은이들이랑 같이 썩어가는 게 안쓰럽더라고.

---

92. 농가, 밤

인식이 트랙터 옆에서 기다리고 있다.

할아버지가 동현에게 물건들이 담긴 꾸러미를 건네준다.

할아버지
이거 가져가. 니가 갖고 있는 게 맞지.

동현
이거 뭐예요?

할아버지
니 애비 옛날 물건들이여. 갖고 싶은지는 모르겠다만.

동현
아니, 갖고 싶어요. 감사합니다.

할아버지
이리 와봐. 우리 손주 어떤지 한번 안아보자.

동현이 따뜻하게 할아버지를 안아준다.

할아버지 (CONT'D)
다시 와라.

동현은 뒤에 살짝 열린 문틈으로 할머니를 본다. 동현이 따뜻하게
미소 짓자... 할머니는 고개를 끄덕이며 방문을 닫는다.

할아버지 (CONT'D)
가.

소영
건강하세요, 아버님.

할아버지
그럴 거니깐 걱정 마라, 너네들은 너네들이나 신경 써.
그리고 좋은 남자 만나서 시집가라. 넌 아직 어리니깐 혼자
살 필요 없어. 알겠지?
(인식에게)
조심히 가. 천천히 운전하고.
(소영에게)
가 어서.

동현
할아버지, 안녕히 계세요.

소영과 동현이 트랙터 뒤에 앉는다.

인식
문제없어?

할아버지
바짝 붙어 앉아. 길이 험하니까.

인식이 트랙터에 시동을 걸고 출발한다.

트럭이 멀리 사라지는 동안에도 할아버지는 계속 손을 흔든다.
동현도 손을 흔들어 답한다.

---

93. 시골길 인식의 트랙터, 계속

동현이 꾸러미에서 아버지의 이름표가 붙어있는 교복을 꺼낸다
―이름표에 "한원식"이라 써 있다. 동현은 옷을 입어보고 소영을
바라본다.

그리곤, 동현이 꾸러미에서 또 몇 장의 사진들을 꺼낸다. 둘이
원식의 아기 때, 학생 때의 사진을 넘겨보고 동현은 눈을
반짝이며 흥미로워한다.

---

94. 시골길 인식의 트랙터, 얼마 후

동현과 소영은 트랙터 뒤에 나란히 앉아 조용한 마을의 경치를
바라본다.

95. 어느 목욕탕 남탕, 이후

동현과 인식이 탈의실에 들어선다. 동현은 아직도 아버지의
교복을 입은 채로 주위를 둘러본다. 그리고 발가벗고 뉴스를
보는 사람, 드라이를 하는 사람들을 보며 놀란다. 노랑머리인
동현은 우두커니 서 있다.

동현이 저쪽에서 이발을 마친 이발사를 바라본다.

> 인식
> 뭐 해? 얼른 와.

> 동현
> 삼촌...?

---

96. 목욕탕 내 이발소, 얼마 후

지잉... 이발사가 바리캉으로 동현의 머리를 자른다.
조금씩 조금씩, 노란 머리카락이 바닥에 흩날린다...

97. 목욕탕 여탕, 같은 시각

소영이 온탕에 들어가 있다. 몸을 기울여 지그시 눈을 감는다.

---

98. 목욕탕 여탕, 이후

소영이 몸을 닦고 있다.

---

99. 목욕탕 남탕, 같은 시각

머리를 빡빡 깎은 동현은 발가벗은 채로 삼촌의 등을 밀어준다.

인식
더 쎄게, 더 쎄게. 얌마 힘 좀 써봐.

동현
제일 쎄게 하고 있다구요!

인식
이제 좀 낫네.

몇 번을 더 문지른 후, 인식이 자기 몸에 물을 부어 씻고 때수건을
들며 이야기한다;

인식 (CONT'D)
돌아.

동현
네? 왜요?

인식
등 밀어줄게.

동현
아뇨, 나 그거 싫어요.

인식
입 다물고 얼른 와.

동현
싫어요.

인식
시원하다니까. 얼른 와.

인식이 동현을 잡아 앉힌다. 그리고 등을 밀어준다...

동현
아우. 아우. 아우. 아파요.

인식
아으 이 때 좀 봐라! 으 드러워, 국수네 국수.

---

100. 목욕탕 남탕, 잠시 후

동현과 인식이 냉탕에서 물장구를 치며 논다—둘은 마치
어린아이들처럼 즐긴다.

목욕탕 주인이 밖에서 소리친다.

목욕탕 주인 (O.C.)
저기! 탕에서 장난치면 안 돼요!

인식
죄송합니다 사장님!

동현이 눈을 만진다.

동현
삼촌, 나 렌즈가 빠진 거 같아요.

인식
여기서? 떠다니나 한번 찾아보자.

둘은 탕 안에서 렌즈를 찾는다.

---

101. **목욕탕 매점, 이후**

소영이 손을 흔들어 매점 아줌마를 부른다;

소영
저 바나나우유 두 개 주세요.

소영이 바나나우유를 한 입 맛본 뒤... 다 마신다.

---

102. 목욕탕 남탕, 같은 시각

동현이 몸에 로션을 바른다.

인식이 대머리가 된 동현의 뒤통수를 찰싹 때린다.

인식
새로 태어났네!

동현이 거울을 보고 미소를 짓는다.

---

103. 어느 시골길, 낮

한 버스가 시골길을 지나간다.

104. 버스 안, 계속

동현이 두꺼운 안경을 쓰고 소영을 바라보는데—좋아 보이지
않는다.

> 동현
> [엄마, 괜찮아?]
> **Mom, are you okay?**

> 소영
> 그냥 좀 메스꺼운 거뿐이야. 괜찮아질 거야.

소영은 동현의 안경이 약간 구부러져 있는 것을 본다.

> 소영 (CONT'D)
> 안경 좀 줘봐.

동현이 안경을 소영에게 건넨다—소영은 안경을 바르게 고치고
옷으로 렌즈를 닦아준다. 소영은 안경을 동현에게 다시 씌워준다.

소영 (CONT'D)

훨씬 낫네.

---

105. 어느 산 산책길, 낮

산에 올라가면 갈수록 소영의 숨이 가빠진다.

동현

[우리 잠깐 브레이크하고 갈까?]

Should we take a little break?

소영

[괜찮아, 다 온 것 같아.]

I'm fine. I think we're almost there.

둘은 계속 산을 오른다.

그러자 갑자기, 소영이 토를 하고, 주저앉는다.

동현이 소영을 보살핀다. 소영에게 물을 주자 이를 마신다. 소영이 일어서기 위해 힘을 쓴다.

　　동현
　　[아직 엄마, 잠깐 앉았다 가자.]
　　No, mom, just sit for a minute.

소영이 다시 주저앉는다.

　　소영
　　아, 다리에 힘이 없어.

　　동현
　　[여기서 좀 쉬고 이따 가자.]
　　Let's catch our breath and we'll go in a bit.

　　소영
　　[이제 괜찮은 거 같아. 가자.]
　　I think I'm okay now.

소영이 일어나려 하지만, 한 걸음조차 스스로 내딛기가 어렵다.
동현이 등을 내민다.

동현

[타봐.]

I'll carry you.

소영

[안돼, 너한테 무거워.]

No. Too heavy.

동현

괜찮아, 빨리, 업어줄게.

[이런 식으로 가다간 올라가면 어두워져.]

Come on, at this pace, it'll be dark by the time
we get up there.

소영이 등에 업혀 가기 시작한다.

---

106. 어느 산 속 묘지, 이후

소영과 동현이 주위를 찾아본다...

그리고는, 소영이 "한원식"이라 써 있는 묘비를 발견한다.

> 소영
> 동현아...

둘은 묘비에 다가가 한동안 말없이 서 있는다.

그리고;

> 소영 (CONT'D)
> 인사해, 니 아빠야.

> 동현
> (고개를 숙이며)
> 안녕하세요.

> 소영
> 원식 씨, 얘가 우리 아들이에요. 다 컸죠.

소영이 묘지 앞에 꽃을 놓는다...

소영 (CONT'D)

간식 좀 가져왔어요.

...소영은 바나나우유와 초코파이를 꺼내 놓는다.

소영은 묘비 앞에 무릎을 꿇고 앉아 먼지와 나뭇잎을 닦아낸다.
동현이 부모님들 옆에 앉는다.

소영 (CONT'D)

네 아빠랑 엄마랑 어떻게 만났는지 알고 싶어?

카메라가 나무들과, 무르익어 떨어지는 단풍들... 멀리서 지저귀는
새들... 하늘을 서서히 가로지르는 구름들을 비춘다...

...시간이 유유히 지나간다...

소영은 사람 얼굴을 어루만지듯 손을 살포시 묘비에 얹는다.

소영 (CONT'D)

(속삭이며)

또 봐요.

소영과 동현이 전망 좋은 곳에 올라 아름다운 풍경을 전부 눈에 담는다. 그러고는, 소영이 자기도 모르게 깊은 소리를 내지른다.

또 지르고.

또 지른다.

수년 동안 소영의 깊숙이 쌓여있던 한이 남김없이 빠져나가는 순간이다.

잠시 후, 소영이 멈춘다.

긴 사이.

소영이 자기 아들을 바라본다...

> 소영
> 집에 가자.

동현이 부드럽게 미소 지으며 끄덕인다.

---

108. 어느 산 산책길, 해가 질 때 즈음

소영을 업고 산을 내려가는 동현의 뒤로 해가 진다.

끝.

비하인드 컷

Behind the Scene

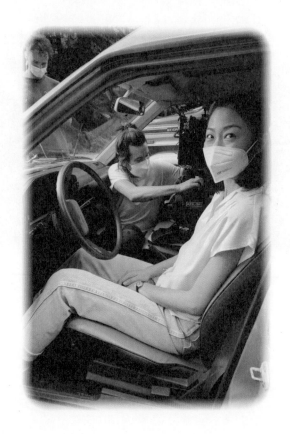

349

영화를 만든
사람들

Credit

Written and Directed by	ANTHONY SHIM
Produced by	ANTHONY SHIM
	REBECCA STEELE
	BRYAN DEMORE
Executive Producer	MATT KERR
	CHARLIE KERR
	GIULIANA BERTUZZI
Co- Producer	ANDREA AGUR
Director of Photography	CHRISTOPHER LEW
Production Designer	LOUISA BIRKIN
Editor	ANTHONY SHIM
Original Music Composed by	ANDREW YONG HOON LEE
Sound Designer	MATT DRAKE
Costume Designer	LOVISA DREVER
Makeup, FX & Hair Designer	SARAH ELIZABETH
Casting by	KARA EIDE, CSA
	KRIS WOZNESENSKY, CSA
South Korea Casting by	SU KIM

CHOI SEUNG-YOON as So-Young

ETHAN HWANG as Dong-Hyun

DOHYUN NOEL HWANG as Child Dong-Hyun

ANTHONY SHIM as Simon

HUNTER DILLON as Harry

JERINA SON as Mi-Sun

KANG IN SUNG as Won-Shik/In-Shik

with CHOI JONGRYUL as Grandpa

and LEE YONG-NYEO as Grandma

CAST (in order of appearance)

So-Young	CHOI SEUNG-YOON
Child Dong-Hyun	DOHYUN NOEL HWANG
Miss Jane	KENDRA ANDERSON
Child Ashley	ELIZABETH MARIA WAINWRIGHT MOLINARES
Stewart	SAWYER RAYMOND PROULX
Jimmy	SAWYER FRASER
Nicole	SARA HALLIBURTON
Sarah	PAVLINA KAYE HLADIK
Sundeep	LESLIE PARMAR
Rosa	GABRIELA REYNOSO
Larry	BRYCE HODGSON
Manning	ROMAN PODHORA
Mi-Sun	JERINA SON
Doyle	JUAN RIEDINGER
Mr. Davis	SEAN POAGUE
Principal Lafferty	ERIC KEENLEYSIDE
Mrs.Galloway	NAOMI SIMPSON
Mrs.Robertson	NANCY KERR
Dong-Hyun	ETHAN HWANG

Harry	HUNTER DILLON
Ashley	VANESSA PRZADA
Steph	RYANN DEANNA SHERIDAN
Lindsay	LUCY HART
Eggers	AIDEN FINN
Jackson	TRISTAN RANGER
Mr. Murray	RYAN ROBBINS
Hyun-Sun	BRIANNA KIM
Pete	JOSHUA MORETTIN
Shayla	CASSANDRA SAWTELL
Linh	EMILY LÊ
Sofia	WANDA AYALA
Simon	ANTHONY SHIM
Nurse Gomez	JESSICA GARCIE
Dr. Rydell	JOHN CASSINI
Won-Shik/In-Shik	KANG IN SUNG
Grandma	LEE YONG-NYEO
Grandpa	CHOI JONGRYUL
Barber	LAG JUN PARK

CREW

Production Manager	BRYAN DEMORE
First Assistant Directors	DANIEL REDENBACH
	HANK FYSH

Second Assistant Directors	TREVOR ZURKAN
	JILLIAN BUDAC
Art Director	TIANA GORDON
Set Decorator	BRENDAN TAYLOR
Assistant Set Decorators	CLAUDIA TYZO
	TEAGAN VINCZE
	JOELY OSIKA
	MEGAN MELVILLE
	ALONSO RECAVARREN
On-Set Dresser	ZACH GOULDING
Property Masters	MEGAN MACAULAY
	MIK NARCISCO
Assistant Property Master	ABBY ARIES
Korean Food Stylist	REBECCA SHIM
Camera Operator	CHRISTOPHER LEW
First Camera Assistant	MIKAEL BIDARD
Second Camera Assistant/Film Loader	JOHN FLEMING
Film Loader	EILY SPRUNGMAN
Gimbal Tech / Additional Operator	MICHAEL KRIZAJ
Stills Photographer	KATRIN BRAGA
Script Supervisor	SAMANTHA DUNBAR
Sound Mixer	NATHAN EVANS
Boom Operator	CAISHA LEA THOMPSON

Gaffer	GREG GOUDREAU
Best Electric	ADRIANNA HANKINS
Lamp Operator	MATTHEW KOROPATWA
Generator Operator	BEN GRAHAM
Key Grip	GRACE LOEPPKY
Best Grip	DARCY WAY
Grip	EVAN MOYER
Key Hair & Makeup	ELIZABETH BRYDEN
First Assistant Hair & Makeup	AMY DIEDRICH
First Assistant Hair & Makeup	CRYSTAL MACDONALD
First Assistant Hair & Makeup	JESSIE SHUPENIA
First Assistant Hair & Makeup	SARINA TAYLER
First Assistant Hair & Makeup	SIERRA PITKIN
Assistant Hair & Makeup	MAYA PHILIPS
Assistant Hair & Makeup	SAACHU LUU
Assistant Costume Designer	KRISTINE WILSON
Background Set Costumer	ANDY CHAPIN
Stunt Coordinator	JOEL MCGOWAN
Intimacy Coordinator	KATHY KADLER
Production Coordinator	ALEXANDRA SOUTHAM
Assistant Production Coordinator	ZEE MAGEDE

Production Accountant	MICHELE LEE
Assistant Accountant	DAVID DENG
Location Managers	JOHN MCINTYRE
	KEN POOLE
Covid Health Officer	DAGAN NISH
Transportation Coordinator/Captain	TIM CHALMERS
Camera Truck Driver	SEAN "DIEGO" DOLING
Cast Van Driver	SUKHI GILL
Drivers	DAN CRESWELL
	RAY WAECHTER
	REY LANE-SMITH
Production Trailer Driver	ED LANDE
Security	SEAN HANLIN
Third Assistant Directors	PATRICK MCKEIGAN
	TANYA STEINHAUER
	TYPHNEE-BRANDEE OGUNYELE
Background Coordinator	IMAN JAVADI
Animal Handler	BRAD MCDONALD
Assistant to the Director	CAITLIN DAVIDSON
Key Production Assistant	CONNOR MASSEY
Production Assistants	AMANDA ARONEC
	CALLIE WONG TURNER

CURTIS HUNTER

DALE ROBERTSON

DOUG SPRINGINGS

FAIAZ AHMAD

GISELLA FU

Extras Casting by	LAURIE PAVON SOLLIS
Catering by	TRUFFLES FINE FOODS
First Aid/Craft Service	DARREN GORDA

Production Legal Services by	EKB
	SARAH BELL-ETKIN
	LORI MASSINI
Production Immigration Legal Services by	McCREA LAW
	RYAN NEELY

Research Services provided by	The Research House Clearance Services Inc.

SOUTH KOREA UNIT

South Korean Production Services Provided by	NINE TAILED FOX LLC
South Korean Line Producers	BONG CHO
	SEON KWON HWANG
Production Manager	DAHYE YOON
First Assistant Director	SUNNY LEE
Key Production Assistant	SEOKJU SON

Production Runners	HANWOOL SHIM
	JAEWOOK CHOI
Casting Assistant	SEOLHA YEON
Script Translator	DAEWOONG PARK
Art Director	ELLIE JUNG
Art Assistants	HYUNJUNG CHOI
	NICOLE JEON
Ronin Operator	HYUNGYU YANG
Second Camera Assistant	JIHOON YOO
Drone Operators	SEUNG KYU LEE
	MIN SOO PARK
Stills Photographer	YOUNGBAE SON
Assistant Hair & Makeup	MINJUNG KIM
Sound Mixer	SIHYUN KIM
Boom Operator	ALICIA KIM
Opening Narration Recording by	C-47 POST STUDIO
Gaffer	SEONG-CHUL LIM
Electricians	KOOTAK YEO
	JONGHYUN PARK
	CHANHYUK LEE
Camera Truck Driver	YOUNGRAE KIM
Catering by	CHEONG JA YANG
	EUNHA PARK
	JI HYUNG KIM
	KIM SU-HAN

	LAG JUN PARK
	STELLA SHIM
	SUBIN PARK
Post Production Supervisors	JASON MACINTYRE
	NIKKI LEE
Assistant Editor	CHINO SAAVEDRA
Editing Advisor	FRANCO PANTE
Post Production Picture & Sound	ELEMENTAL POST
Re-Recording Mixer	MATT DRAKE
Colorist	DAVID TOMIAK
Online Editor	RYAN MANCE
Director of Production	CANDICE KIM
Post Production Assistant	JEREMIAH REYES
Foley Services	POSTRED
Foley Supervisor	BESO KACHARAVA
Foley Artist	BIKO GOGALADZE
Foley Mixer	GIORGI LEKISHVILI
Foley Editor	ALEXANDER SANIKIDZE
Foley Coordinator	TINA BABAKISHVILI
Lab Services Provided by	MELS

Film Lab Technicians	JEAN-SÉBASTIEN CHAMBONNET
	SYLVAIN MARLEAU
Film Digitization	AMÉLIE ST-PIERRE
	KARIM EL KATARI
Synchronisation	ANTHONY SIROIS
Digital Dedusting	SAMUEL ETENEAU
Visual Effects by	GHOST VFX
Visual Effects Supervisor	ERIC GAMBINI
Visual Effects Producer	GILLIAN PEARSON
Visual Effects Production Manage	ANDREW JOE
	SARAH KRUSCH
Compositing Supervisor	GUSTAVO KASAI
Visual Effects Artists	IVAN BEGOVIC
	JARED HOUGHTON
	ALEX MARTINEZ
	ANTHONY REYNDERS
	AUSTIN SWEENEY
Closed Captioning and Subtitle Services provided by	WEST COAST CAPTIONING INC.
Described Video Provided by	BEYOND DESCRIPTION SOUND SERVICES
Hand-Written Title by	YVETTA FISHER
Post Production Accountants	DEBBI-JO MATIAS
	SAMANTHA WILSON

For Bell Media:

Production Executive	MITCH GEDDES
Director of Programming, Crave	TORY JENNINGS
Senior Content Lead, Crave	NATALIE IGELFELD

For CBC:

General Manager, Programming, CBC Television	SALLY CATTO
Executive Director, Scripted Content	TRISH WILLIAMS
Head of CBC Films	GOSIA KAMELA

MUSIC

"MEMORY OF A VAST ORIGIN"

Written by ANDREW YONG HOON LEE

Performed by ANDREW YONG HOON LEE

©+℗ ANDREW YONG HOON LEE

Courtesy of HEAVY LARK RECORDS

All Rights Reserved

"ENCIRCLE"

Written by ANDREW YONG HOON LEE

Performed by ANDREW YONG HOON LEE

©+℗ ANDREW YONG HOON LEE

Courtesy of HEAVY LARK RECORDS

All Rights Reserved

"DRAGON KING"

Written by ANDREW YONG HOON LEE

Performed by ANDREW YONG HOON LEE

©+℗ ANDREW YONG HOON LEE

Courtesy of HEAVY LARK RECORDS

"HELD SPACE"

Written by ANDREW YONG HOON LEE

Performed by ANDREW YONG HOON LEE

©+℗ ANDREW YONG HOON LEE

Courtesy of HEAVY LARK RECORDS

"THE SURROUND"

Written by ANDREW YONG HOON LEE

Performed by ANDREW YONG HOON LEE

©+℗ ANDREW YONG HOON LEE

Courtesy of HEAVY LARK RECORDS

"MEMORIES OF VAST ORIGINS"

Written by ANDREW YONG HOON LEE

Performed by ANDREW YONG HOON LEE

©+℗ ANDREW YONG HOON LEE

Courtesy of HEAVY LARK RECORDS

"GOLDBERG VARIATIONS – ARIA"

Composed by JOHANN SEBASTIAN BACH

Arranged by TOLGA KASHIF

Publisher: KPM APM (ASCAP)

Courtesy of APM MUSIC

"ROCK TO THE RHYTHM"

Composed by JANOS FULOP & VICTOR RAY EVANS

Publisher: DRIVEN APM (ASCAP)

Courtesy of APM MUSIC

"JESU, JOY OF MAN'S DESIRING"

Composed by JOHANN SEBASTIAN BACH

Arranged by JONATHAN CHARLES STARKEY

Publisher: KPM APM (ASCAP)

Courtesy of APM MUSIC

"VAST ORIGINS"

Written by ANDREW YONG HOON LEE

Performed by ANDREW YONG HOON LEE

©+℗ ANDREW YONG HOON LEE

Courtesy of HEAVY LARK RECORDS

"FALLING"

Written by ANDREW YONG HOON LEE

Performed by ANDREW YONG HOON LEE

©+℗ ANDREW YONG HOON LEE

Courtesy of HEAVY LARK RECORDS

All Rights Reserved

"SHARED MEMORY"

Written by ANDREW YONG HOON LEE

Performed by ANDREW YONG HOON LEE

©+℗ ANDREW YONG HOON LEE

Courtesy of HEAVY LARK RECORDS

All Rights Reserved

"PARTY PEOPLE – (FULL MIX)"

Composed by AL SWEEN

Publisher: ROYAL BLOOD METRO PARK (BMI)

Courtesy of APM MUSIC

"HERE AND OVER THERE"

Written by ANDREW YONG HOON LEE

Performed by ANDREW YONG HOON LEE

©+℗ ANDREW YONG HOON LEE

Courtesy of HEAVY LARK RECORDS

All Rights Reserved

"NO STRANGER"

    Composed by MICHAEL C. FLOWERS & TOIKEON PARHAM

    Publisher: TUNEGO METRO PARK (BMI)

    Courtesy of APM MUSIC

"WHERE THE PARTY AT"

    Composed by WILLIAM BRAUNSTEIN, RYAN NOHO KAI KELLY, MATTHEW S.
                ASIDON

    Publisher: DRIVEN APM (ASCAP) & DRIVEN METRO PARK (BMI)

    Courtesy of APM MUSIC

"THE LENS"

    Written by ANDREW YONG HOON LEE

    Performed by ANDREW YONG HOON LEE

    ©+℗ ANDREW YONG HOON LEE

    Courtesy of HEAVY LARK RECORDS

    All Rights Reserved

"MY LOVE IS REAL"

    Composed by FRANCK SARKISSIAN

    Publisher: KOSINUS APM (ASCAP)

    Courtesy of APM MUSIC

"THRESHOLDS"

    Written by ANDREW YONG HOON LEE

    Performed by ANDREW YONG HOON LEE

"HELD TIME"

Written by ANDREW YONG HOON LEE

Performed by ANDREW YONG HOON LEE

"POSITIVE K-POP"

Composed by YOUNJI CHOI & SYLVAIN OTT

Publisher: AXS APM (ASCAP)

Courtesy of APM MUSIC

"GANGWON-DO"

Written by ANDREW YONG HOON LEE

Performed by ANDREW YONG HOON LEE

Quote by Maya Angelou used with permission by CAGED BIRD LEGACY, LLC

"PRIVATE LIES" (softcore erotica scene) courtesy of COLORADO SATELLITE

BROADCASTING, INC.

"IN HER PLACE" (feature film audio) courtesy of TIMELAPSE PICTURES

Original Paintings provided by ELIZABETH HARROWER

THE DIRECTOR WOULD LIKE TO THANK

ALBERT SHIN

HIS MOM, SISTER AND BEN

SOON HO SONG

TIM KERR

THE PRODUCERS WOULD LIKE TO THANK

ALL OF THE ACTORS WHO PARTICIPATED IN THE (VIRTUAL) TABLE READS

AMANDINE DUN

ANGEL LYNNE

BEN TUBB

BEN VINTER

BILL AND BOBBIE STEELE

CHARLES PAK

CITY OF MAPLE RIDGE

CITY OF PITT MEADOWS

DHH RENTALS

DIRECTORS GUILD OF CANADA

D.O.A.

EDITH MCDERMOTT ELEMENTARY

E-ONE MOLI ENERGY LTD.

GABRIELLE D'ERRICO

ICG 669

IMPACT OFFICE FURNISHINGS

JAMES BROOKS

JAMES LUSCOMBE

JASON BOURQUE

JHOD CARDINAL

JOHN HAYER

JONG CHUL YOON

KESLOW CAMERA

KIMI ALEXANDER

LECILY CORBETT

MARGARITA MARTINEZ GARCIA

NITHA KARANJA

OLLY BIAN

PITT MEADOWS SECONDARY

PROP SHOP

RACHAEL MILLER

ROB LARSON

ROB MEEKISON

ROSS MRAZEK

SALLY ISHERWOOD

SARAH SMITH

SCHOOL DISTRICT NO.42

SUPER PROPS RENTALS INC.

TINA AND VERN DEMORE

THE TOWN AND PEOPLE OF WONILJEON, GANGWONDO

TUG PHIPPS

TYE LESUEUR

VANCOUVER OPERA

VANCOUVER PROP & COSTUME LTD

WENDY ROBB

YOO SIK KIM

ZACH LIPOVSKY

Produced with the Participation of TELEFILM CANADA

Produced in association with Crave a division of Bell Media Inc.

Produced in association with CBC FILMS

Developed with the Assistance of THE HAROLD GREENBERG FUND

Canadian Film or Video Production Tax Credit
CANADA

With the participation of the Province of British Columbia Film Incentive BC
CreativeBC
British Columbia

This Production was made with the generous support of the UBCP membership and the Korea Film Commissions & Industry Network (사)한국영상위원회

ELEMENTAL

KESLOW

KODAK

MELS

WILLIAM F. WHITE

CMPA

라이스보이 슬립스 각본집
Riceboy Sleeps SCREENPLAY

초판 1쇄 발행	2024년 4월 10일

지은이	앤소니 심
펴낸 곳	플레인아카이브
펴낸이	백준오
편집	장지선
디자인	김다혜 studio ALT
각본 번역	박대웅
감독의 말 번역	장현후
교정	이보람
지원	이한솔
사진 제공	Katrin Braga, 손영배, 라이스보이 슬립스 팀원
도움주신 분	박경리, 토지문화재단

출판등록	2017년 3월 30일 제406-2017-000039호
주소	경기도 파주시 회동길 336-17, 302호
이메일	cs@plainarchive.com

33,000원
ISBN 979-11-90738-64-4 (00680)

영화를 간직하는 가장 아름다운 방법,
플레인아카이브는 영화에 대한 애정과
존중으로 출판, 블루레이와 DVD,
OST 음반 등 물리매체 전반을 아우르는
다양한 프로젝트를 진행하며 좋은 영화를
아름답게 간직하고픈 이들과 만납니다.

플레인아카이브의 책들

라이스보이 슬립스 각본집
길복순 각본집
콘크리트 유토피아: 아카이브 북
D.P. 시즌2 각본집
다음 소희 각본집
소울메이트 각본집
플레인아카이브의 책
약한영웅 Class 1 대본집 세트
소울메이트: 메이킹 다이어리
미성년 각본집
작은 아씨들: 정서경 대본집 세트